LA GIURIMETRIA: APPUNTI E APPLICAZIONI

APPUNTI SUGLI ILLECITI BANCARI
nel Diritto Penale

LUIGI IOSA

WWW.BOOK4BUSINESS.COM

Con l'entrata in vigore, in data 03.04.1997, della Legge 07.03.1996, n. 108, il Legislatore ha attuato una riforma integrale del reato di usura criminale e bancaria[1], disciplinato dall'art. 644 c.p. Difatti, si è abbandonato quasi del tutto il vecchio schema dell'usura soggettiva[2], basata sull'approfittamento dello stato di bisogno della vittima, per passare ad uno schema di usura oggettiva, basata principalmente sul superamento di un tasso massimo di costo del denaro prestato. Senza scendere nei particolari della novella legislativa, va chiarito che il Legislatore ha previsto nel nuovo art. 644 c.p., esattamente al 3° comma, che la legge stabilisce il limite oltre il quale gli interessi sono sempre usurari. Tale limite legale oltre il quale gli interessi devono considerarsi fuorilegge, secondo l'art. 2 della Legge n. 108/96, deve essere rilevato ad oggi dalla Banca d'Italia nell'interesse del Ministero dell'Economia e delle Finanze (MEF), prima Ministero del Tesoro, secondo quanto stabilito dall'art. 2 *bis* della Legge 28.01.2009, n. 2 che ha convertito in Legge, con modificazioni, il D.L. n. 185/2008, noto come "il pacchetto misure anticrisi o Tremonti". In parole semplici, il Legislatore ha creato con l'art. 644 c.p. una norma penale parzialmente in bianco, dove il precetto è in parte indeterminato e la sanzione è determinata.

La norma penale in bianco, come è noto, si differenzia dalla norma di legge che ha, a sua volta, il precetto e la sanzione determinati. Di talché, nella norma penale in bianco, il precetto penale in genere deve essere integrato da fonti regolamentari, dette anche fonti secondarie. Solo in questo caso il precetto penale, indicato nel 3° comma dell'art. 644 c.p., diventerà determinato.

---

1. Cfr. L'usura criminale e l'usura bancaria di Luigi Iosa, in LEGALITÀ! Paese legale Paese reale di Enrico Cuccodoro e Raffaele Marzo, con prefazione di Don Luigi Ciotti, Edizioni Voilier, 2019.
2. La questione dell'usura soggettiva (in concreto) degli interessi si pone in relazione alla previsione contenuta nel terzo comma dell'art. 644 c.p. per il quale: *"sono altresì usurari gli interessi, anche se inferiori a tale limite, e gli altri vantaggi o compensi che, avuto riguardo alle concrete modalità del fatto e al tasso medio praticato per operazioni similari, risultano comunque sproporzionati rispetto alla prestazione di denaro o di altra utilità, ovvero all'opera di mediazione, quando chi li ha dati o promessi si trova in condizioni di difficoltà economica o finanziaria"*.
Si tratta attualmente di una fattispecie di chiusura, che valorizza la situazione soggettiva del debitore e che ha lo scopo di punire casi ritenuti meritevoli di tutela seppur non rientranti nelle ipotesi in cui il tasso soglia viene superato. Tale ipotesi residuale di usura soggettiva o in concreto si differenzia da quella oggettiva o in astratto, che è quella applicabile come regola generale.

Pertanto, il Legislatore ha voluto dare mandato alla Banca d'Italia e al Ministero dell'Economia e delle Finanze (MEF) per completare il precetto penale, e cioè ha voluto affidare ai due organi amministrativi il compito di individuare il limite legale oltre il quale gli interessi sono da considerarsi sempre usurari.

Ma vi è di più: lo stesso Legislatore, onde evitare un *deficit* di tipicità e un'insufficiente determinatezza del precetto penale, ha espressamente indicato ai due organi amministrativi i parametri oggettivi per misurare il costo effettivo del credito. Infatti, l'art. 644, 4° comma, c.p. stabilisce che per la determinazione del tasso di interesse usurario si tiene conto delle commissioni, remunerazioni a qualsiasi titolo e delle spese, escluse quelle per imposte e tasse, collegate all'erogazione del credito. In altri termini, la Banca d'Italia e il Ministero dell'Economia e delle Finanze (MEF), al fine di misurare il tasso effettivo di interesse applicato dagli intermediari bancari e finanziari per ogni singolo finanziamento, devono tenere conto di tutti gli oneri che un utente sopporti in connessione con il suo uso del credito.

Il Legislatore ha indicato, altresì, al Ministero dell'Economia e delle Finanze (MEF) e alla Banca d'Italia, che svolge anche funzione di vigilanza sul sistema bancario e finanziario, l'*iter* procedimentale da seguire per determinare il tasso massimo di interesse, ossia il c.d. tasso soglia o tasso di usura. Nello specifico, il 1° comma dell'art. 2 della legge 07.03.1996, n. 108, impone ai due autorevoli organi amministrativi il compito di rilevare trimestralmente il tasso effettivo globale medio (TEGM), comprensivo di commissioni, di remunerazione a qualsiasi titolo e spese, escluse quelle per imposte e tasse, riferito ad anno, degli interessi praticati dalle banche e dagli intermediari finanziari autorizzati, nonché impone agli stessi che i valori medi derivanti da tale rilevazione siano pubblicati senza ritardo nella Gazzetta Ufficiale.

Il TEGM è l'indicatore fisiologico medio del mercato[3]. Inoltre, il 4° comma dell'art. 2 della legge 07.03.1996, n. 108, modificato dalla Legge 12.07.2011, n. 106, che ha convertito in Legge, con modificazioni, il D.L. n. 70/2011, noto come "il Decreto Sviluppo", detta le regole per individuare il tasso soglia, precisando ai due organi amministrativi in questione quanto segue:

---

3. Tale indicatore fisiologico, peraltro, risulta rilevato di entità costantemente superiore al medesimo dato che la stessa Banca di Italia rileva trimestralmente, ai sensi dell'art. 51 D. Lgs. n. 385/1993 (T.U.B.), come può essere riscontrato confrontando i TEGM trimestrali pubblicati sulla Gazzetta Ufficiale, ex comma 4° art. 2 della Legge n. 108\1996, e tassi di interessi pubblicati trimestralmente nel bollettino statistico edito dalla Banca d'Italia.

*"Il limite previsto dal terzo comma dell'articolo **644** del codice penale, oltre il quale gli interessi sono sempre usurari, è stabilito nel tasso medio risultante dall'ultima rilevazione pubblicata nella gazzetta ufficiale ai sensi del comma 1 relativamente alla categoria di operazioni in cui il credito è compreso, aumentato di un quarto, cui si aggiunge un margine di ulteriori quattro punti percentuali. la differenza tra il limite e il tasso medio non può essere superiore a otto punti percentuali"*.

Ciò premesso, è il caso di capire se in concreto i due organi amministrativi sopra indicati abbiano tradotto il dato normativo, previsto dall'art. 644 c.p. e dall'art. 2 della Legge 07.03.1996, n. 108, in formule matematiche esatte. La risposta, senza scomodare i principi cardine della Tecnica Bancaria o della Matematica Finanziaria, è oggettivamente negativa. La Banca d'Italia avrebbe dovuto utilizzare gli algoritmi giusti e avrebbe dovuto garantire, attraverso corrette indicazioni, le vere modalità di misurazione del costo del credito in tema di rilevazione del tasso soglia ai sensi della Legge antiusura. Invece, i due organi amministrativi hanno palesemente disatteso sia i parametri oggettivi, contenuti nel 4° comma dell'art. 644 c.p., che l'*iter* procedimentale, indicato nell'art. 2 della Legge 07.03.1996, n. 108, per rilevare il tasso effettivo globale medio (TEGM) ed in seguito determinare il tasso soglia usura (TSU). In particolare, la Banca d'Italia - negli anni - ha diramato indicazioni errate, trasmigrate in Istruzioni e Circolari. Il Ministero del Tesoro, ora Ministero dell'Economia e delle Finanze (MEF), a sua volta, ha fatto erroneamente veicolare dette Istruzioni della Banca d'Italia in Decreti Ministeriali. Le Istruzioni applicative della Legge antiusura, emanate dalla Banca d'Italia, infatti, non includevano principalmente nel calcolo del tasso effettivo globale (TEG), che è il prezzo del singolo finanziamento, le commissioni di massimo scoperto (CSM), ora commissioni di istruttoria veloce (CIV) o commissioni disponibilità fondi, e la capitalizzazione infrannuale degli interessi. Inoltre, la Banca d'Italia, nelle sue indicazioni, escludeva il computo degli interessi su base annua e praticava un raffronto con il credito accordato anziché con quello erogato.

Questa attività di Legislatore secondario affidata alla Banca d'Italia dal Legislatore primario ha di fatto arrecato gravi danni agli utilizzatori del credito, in quanto, *rebus sic stantibus*, il tasso soglia difficilmente - dall'entrata in vigore della Legge antiusura (1997) - è stato superato dal tasso effettivo globale (TEG), irresponsabilmente orfano dell'incidenza delle commissioni di massimo scoperto (CMS) e della capitalizzazione trimestrale degli interessi debitori; che le Istruzioni della Banca d'Italia fossero errate se ne erano accorti prima gli analisti indipendenti, poi la giurisprudenza di merito, nel 2009 anche il Legislatore, con la sopra citata Legge n. 2/2009, e successivamente nel 2010 la stessa giurisprudenza di legittimità.

Si ricordano, in particolare, le decisioni del Giudice per le indagini preliminari presso il Tribunale di Napoli (anno 2006), del Tribunale Collegiale di Pordenone (anno 2012), del Tribunale Collegiale di Campobasso (anno 2012), del Tribunale Collegiale di Torino (anno 2014), della Corte di Appello di Campobasso (anno 2015), del Tribunale Collegiale di Foggia (anno 2016).

Ovviamente le sentenze storiche, che hanno demolito definitivamente l'operato scorretto della Banca d'Italia fino al 2009 e che hanno decretato l'illegittimità delle direttive integratrici del precetto penale promananti dall'*Authority* competente ad emanarle, sono quelle della II Sezione Penale della Corte Suprema di Cassazione: la numero 12028/2010, la numero 28743/2010 e la numero 46669/2011.

Poiché chi scrive è stato il patrono delle parti civili nei processi penali conclusi con le sentenze emesse prima dal Tribunale e poi dalla Corte di Appello di Campobasso, è opportuno soffermarmi brevemente su quanto ha stabilito il Collegio di primo grado in quel processo penale per usura bancaria, che vedeva tra gli imputati anche il banchiere Gianpiero Fiorani.

Il Tribunale di Campobasso, presieduto dal dott. Michele Russo (processo penale n. 84/2010 R.G. Trib.), in merito alle indicazioni della Banca d'Italia, così si pronunciava:

"*...Nel calcolo del tasso usurario devono computarsi, invece, gli interessi anatocistici e le commissioni di massimo scoperto, i primi perché l'illiceità della pratica della capitalizzazione degli interessi a debito del correntista ne determina la qualificazione in termini di remunerazione ulteriore che si aggiunge agli interessi semplici e la seconda perché il carattere generale e indifferenziato della disposizione di cui all'art. 644, 4° comma, c.p. non consente di individuare eccezioni alla regola dell'inclusione, nel calcolo del tasso usurario, di tutti i compensi collegati all'erogazione del credito, uno dei quali è costituito, appunto, dalla commissione di massimo scoperto (cfr., per la commissione di massimo scoperto, Cass. pen., Sez. II, 14-5-2010, n. 28743, e Cass. pen., Sez. II, 19-2-2010, n. 12028).*

In contrario non giova addurre che le istruzioni della Banca d'Italia non prevedevano, nei periodi in cui si riferiscono le contestazioni, che il tasso usurario fosse determinato includendo nella formula del relativo calcolo anche l'anatocismo e le commissioni di massimo scoperto, trattandosi di disposizioni di natura regolamentare che giammai potevano derogare una norma di rango superiore qual è l'art. 644, 4° comma, c.p., ovvero il divieto di anatocismo stabilito dall'art. 1283 c.c....".

Le argomentazioni del Tribunale di Campobasso sono state condivise in pieno dalla Corte territoriale, presieduta dalla dott.ssa Rossana Iesulauro (processo penale n. 408/2012 R.G. App.). Per concludere il discorso circa l'illegittimità delle Istruzioni impartite nel tempo dalla Banca d'Italia, va ricordato che lo stesso Organo di Vigilanza nel 2012 ha smentito se stesso, poiché ha deciso di rivedere la metodologia di calcolo e ha proposto di rendere obbligatorio il calcolo su base annua, e quindi di moltiplicare per quattro l'onere trimestrale di tutti gli oneri da includere nel tasso effettivo globale (TEG), compresa la commissione di istruttoria veloce (CIV).

Tale ravvedimento, dunque, non può che essere interpretato quale implicita affermazione di un errore compiuto in precedenza proprio nella rilevazione del costo del credito[4]. Tuttavia, con una recente sentenza n. 22270 del 03.11.2016, la I Sezione Civile della Corte Suprema di Cassazione è tornata sul tema della rilevanza da attribuire alle commissioni di massimo scoperto (CMS), addebitate dagli istituti di credito nell'ambito dei rapporti di conto corrente, ai fini della verifica – ex Legge n.108/1996 – del TEG praticato dalla singola banca.

Mediante la sentenza in questione la Suprema Corte di Cassazione, Sezione Civile, andando a consolidare il proprio orientamento (Cfr. Corte di Cassazione, I Sezione Civile, sentenza n. 12965 del 22.06.2016), ha ribadito che, sino all'anno 2009, le commissioni di massimo scoperto (CMS) non debbano essere ricomprese nel calcolo del TEG, da determinarsi in conformità alle Istruzioni all'uopo emanate dalla Banca d'Italia, Istruzioni che – per l'appunto – escludevano dal computo del TEG il prefato onere sino al 31.12.2009.

La conclusione cui giunge la Cassazione, Sezione Civile, trae principalmente origine dal 2° comma dell'art. 2 *bis* del citato Decreto Legge n. 185 del 2008 – introdotto dalla Legge di conversione n. 2 del 28.01.2009 – che da un lato ha espressamente stabilito che:

"gli interessi, le commissioni e le provvigioni derivanti dalle clausole, comunque denominate, che prevedono una remunerazione, a favore della banca, dipendente dall'effettiva durata dell'utilizzazione dei fondi da parte del

---

4. Tratto dall'intervento dello scrivente dal titolo: "Il falso ideologico nelle Istruzioni applicative della legge Antiusura n. 108/1996" nell'ambito del Seminario Formativo sulla GIURIMETRIA nel contenzioso bancario, tenutosi in Roma in data 11.03.2016 presso il Senato della Repubblica nella sala "Istituto Santa Maria in Aquiro Piazza Capranica".

cliente, dalla data di entrata in vigore della legge di conversione del presente decreto, sono comunque rilevanti ai fini dell'applicazione dell'articolo 1815 del codice civile, dell'articolo 644 del codice penale e degli articoli 2 e 3 della legge 7 marzo 1996, n. 108", dall'altro ha previsto che: *"il Ministro dell'economia e delle finanze, sentita la Banca d'Italia, emana disposizioni transitorie in relazione all'applicazione dell'articolo 2 della legge 7 marzo 1996, n. 108, per stabilire che il limite previsto dal terzo comma dell'articolo 644 del codice penale, oltre il quale gli interessi sono usurari, resta regolato dalla disciplina vigente alla data di entrata in vigore della legge di conversione del presente decreto fino a che la rilevazione del tasso effettivo globale medio non verrà effettuata tenendo conto delle nuove disposizioni"*.
Secondo i Giudici Civili della Suprema Corte, alla mentovata disposizione normativa non può riconoscersi natura interpretativa, trattandosi – piuttosto – di un intervento di carattere innovativo.
Pertanto, tenuto conto che la Banca d'Italia soltanto con l'aggiornamento dell'agosto 2009 delle proprie "Istruzioni" (vigenti per la rilevazione dei tassi soglia decorrenti dal 01.01.2010) ha stabilito che le commissioni di massimo scoperto (e gli oneri equipollenti) rilevino ai fini del calcolo del TEGM, la Cassazione, Sezione Civile, ha ribadito che, sino a tale data (31.12.2009), la verifica della conformità alla normativa antiusura del TEG di un rapporto di conto corrente debba essere fatta escludendo dal suo computo le commissioni di massimo scoperto (CSM).
In sintesi, l'orientamento sul tema assunto dalla I Sezione Civile della Corte di Cassazione si contrappone in maniera netta a quello assunto – sulla stessa questione – dalla II Sezione Penale del medesimo Supremo Collegio: con le sentenze n. 12965 del 22.06.2016 e n. 22270 del 03.11.2016, difatti, i Giudici Civili hanno espressamente criticato le sopra elencate pronunce n. 12028/2010, n. 28743/2010 e n. 46669/2011, mediante le quali i Colleghi della II Sezione Penale – riconoscendo natura interpretativa (e non innovativa) all'art. 2 bis del Decreto Legge n. 185/2008 – avevano giudicato le commissioni di massimo scoperto (CMS) rilevanti ai fini del computo del TEG anche per il periodo antecedente al 2010 e ciò a prescindere dalle difformi indicazioni impartite dalla Banca d'Italia.
La Cassazione, Sezione Penale, invece, non risparmiando toni sanzionatori nei confronti dell'Istituto Centrale, ha sempre fondato le proprie tesi sull'ineludibile – e invero assai chiaro – disposto dell'art. 644 c.p., secondo il quale "per la determinazione del tasso di interesse usurario si tiene conto delle commissioni, remunerazioni a qualsiasi titolo e delle spese, escluse quelle

per imposte e tasse, collegate alla erogazione del credito".

Di contro, i Giudici della I Sezione Civile, assumendo un orientamento onestamente non condivisibile e peraltro stridente con la natura di *"remunerazione dell'obbligo della banca di tenere a disposizione dell'accreditato una determinata somma per un determinato periodo di tempo"* attribuita dagli stessi Giudici alla commissione di massimo scoperto, hanno deciso di anteporre le Istruzioni della Banca d'Italia alla norma penale.

I Giudici della I Sezione Civile della Corte Suprema di Cassazione dovrebbero chiarire, semmai, come si possa spiegare ad un correntista/imprenditore che le commissioni di massimo scoperto (CMS), da questi pagate sino al 31.12.2009, non rappresentano una "remunerazione collegata all'erogazione del credito" percepita dalla Banca: il che è del tutto fuori dalla normativa penale (art. 644 c.p.), introdotta della Legge 07.03.1996, n. 108.

Il contrasto insorto tra la giurisprudenza penale e la giurisprudenza civile circa il computo delle commissioni di massimo scoperto (CSM) nel calcolo del tasso effettivo globale (TEG) fino al 31.12.2009 rappresenta un caso quasi unico nella storia della nostra giurisprudenza di legittimità, atteso che la Cassazione Civile ha di fatto invaso il campo della Cassazione Penale in materia di reato (art. 644 c.p.).

La giurisprudenza penale, comunque, ha una tendenziale prevalenza su quella civile (ciò è desumibile implicitamente anche dall'art. 651 c.p.p.), dal momento che è destinata a garantire una maggiore tutela della collettività rispetto a quella civile. Inoltre, è del tutto compatibile col nuovo assetto dei rapporti tra giudizio penale e civile la possibilità che il giudicato penale e quello civile presentino contrasti tra loro, senza che tale conflitto comporti conseguenza alcuna, continuando ad esplicare i giudicati la loro efficacia nell'ambito dei rispettivi ordinamenti civile e penale.

Questo principio di diritto, sancito più volte dalla giurisprudenza di legittimità (Cfr., *ex plurimis*, Corte di Cassazione, III Sezione Civile, sentenza n. 4787 del 26.02.2013) è molto importante per i Pubblici Ministeri e per i Giudici Penali, perché fa sì che, ove vi siano dubbi interpretativi in materia di usura bancaria punita dal codice penale, essi non devono conformarsi al *decisum* della Cassazione Civile ma, senza dubbio, devono conformarsi al *decisum* della Cassazione Penale.

Non si può sottacere, inoltre, che la materia penale è dominata esclusivamente dalla legge e la legalità si verifica solo mediante il confronto con la norma giuridica di rango superiore (art. 644, 4° comma, c.p.) nell'ambito della gerarchia delle fonti del diritto.

È evidente che il contrasto in questione ha generato una grande sfiducia nella Giustizia da parte dei cittadini consumatori bancari, nonché una loro inevitabile confusione, poiché assistono inermi ad un contrasto giurisprudenziale senza precedenti, dannoso e non sanabile, in pregiudizio del sistema economico, nonostante la funzione di nomofilachia della Corte Suprema di Cassazione[5].

Per funzione nomofilattica o nomofilachia nel diritto, fino a prova contraria, si intende comunemente il compito di garantire l'osservanza della legge, la sua interpretazione uniforme e l'unità del diritto in uno Stato nazionale. Tale funzione nell'ordinamento italiano è descritta dall'art. 65 della legge sull'ordinamento giudiziario (R.D. 30.01.1941 n. 12):

«La corte suprema di cassazione, quale organo supremo della giustizia, assicura l'esatta osservanza e l'uniforme interpretazione della legge, l'unità del diritto oggettivo nazionale, il rispetto dei limiti delle diverse giurisdizioni; regola i conflitti di competenza e di attribuzioni, ed adempie gli altri compiti ad essa conferiti dalla legge.

La corte suprema di cassazione ha sede in Roma ed ha giurisdizione su tutto il territorio del regno, dell'impero e su ogni altro territorio soggetto alla sovranità dello Stato».

Funzione che il Regio Decreto del 1941 attribuisce alla nostra Corte Suprema di Cassazione. La funzione nomofilattica della Cassazione si articola in due sottofunzioni ben distinte: da un lato garantire l'attuazione della legge nel caso concreto, realizzando la giurisdizione in senso stretto, dall'altro fornire indirizzi interpretativi "uniformi" per mantenere, nei limiti del possibile, l'unità dell'ordinamento giuridico, attraverso una sostanziale uniformazione della giurisprudenza. Il controllo degli indirizzi interpretativi obbedisce all'elementare esigenza di garantire la certezza del diritto.

Con la sentenza n. 11 del 05.01.2017, il Tribunale di Torino, VI Sezione Civile, ha così deciso sul menzionato contrasto insorto tra la giurisprudenza penale e la giurisprudenza civile circa il computo delle commissioni di massimo scoperto (CSM) nel calcolo del tasso effettivo globale (TEG) fino al 31.12.2009:

"... USURA. La ctu effettuata dal dott. Garola ha riscontrato la sussistenza di usura sia anteriormente al 31.12.2009 che successivamente. Nella presente causa si pone il problema, sia pure, come si vedrà, per importi minimi, di

---

5. Tratto dall'intervento dello scrivente dal titolo: "Usura bancaria nel contesto della crisi economica e finanziaria e mancato risarcimento delle vittime", tenutosi in Roma in data 07.11.2019 presso il Senato della Repubblica nella sala "Caduti di Nassirya".

decidere se la Cms deve entrare nel conteggio dell'usura prima del 1.1.2010. Eccepisce sul punto la difesa della Unicredit che la Prima sezione della Cassazione civile ha recentemente affermato che "la commissione di massimo scoperto, applicata fino all'entrata in vigore dell'art. 2 bis d.l. n. 185 del 2008, deve ritenersi in thesi legittima almeno fino al termine del periodo transitorio fissati al 31 dicembre 2009, posto che i decreti ministeriali che hanno rilevato il TEGM – dal 1997 al dicembre del 2009 – sulla base delle istruzioni diramate dalla Banca d'Italia non ne hanno tenuto conto al fine di determinare il tasso soglia usurario, dato atto che ciò è avvenuto solo dal primo gennaio 2010, nelle rilevazioni trimestrali del TEGM; ne consegue che l'art. 2 bis del d.l. n. 185 del 2008, introdotto con la legge di conversione n. 2 del 2009, non è norma di interpretazione autentica dell'art. 644 co. 3 c.p., bensì disposizione con portata innovativa dell'ordinamento, intervenuta a modificare – per il futuro – la complessa disciplina anche regolamentare (richiamata dall'art. 644 co. 4 c.p.) tesa a stabilire il limite oltre il quale gli interessi sono presuntivamente sempre usurari, derivandone – ai fini qui di interesse – che per i rapporti bancari esauritosi prima del 1 gennaio 2010, allo scopo di valutare il superamento del tasso soglia nel periodo rilevante, non debba tenersi conto delle CMS applicate dalla banca ed invece essendo tenuto il giudice a procedere ad un apprezzamento nel medesimo contesto di elementi omogenei della remunerazione bancaria, al fine di pervenire alla ricostruzione del tasso soglia usurario come sopra specificato" (Cass. Civ. 22.6.2016 n.12965).

Ritiene il giudicante che la predetta sentenza non possa costituire un punto di svolta su cui ancorare la decisione in merito alla predetta questione. Analizzando il citato provvedimento, va messo in rilievo che punto centrale dello stesso, da cui parte il ragionamento ivi espresso, è quello secondo cui l'originario testo dell'art. 644 c.p. comma 4 non aveva un contenuto improntato a chiarezza laddove faceva riferimento al termine "commissione" ("poteva lasciar intendere" secondo una non chiara espressione usata nel provvedimento).

Secondo la Corte (che esprime peraltro il concetto in forma rovesciata e comunque ambigua) il congegno ricognitivo-determinativo primario, fino all'entrata in vigore della riforma, espressamente escludeva quest'ultima dal calcolo del TEGM, motivo per cui la legge 2/09 integra un vero e proprio mutamento innovativo nella disciplina complessivamente intesa (inclusi ovviamente gli atti di valore regolamentare, fino a quel momento lasciati dal legislatore a regolare la materia) e dunque in tema di CMS.

Se d'altronde la norma avesse inteso proporsi secondo una valenza di interpretazione autentica, non sarebbe agevole, sempre secondo il Supremo Collegio, dotare di apparente ragione la contemporanea fissazione di un dies a quo per attribuire rilevanza alle CMS nel calcolo del TEGM e, soprattutto, la devoluzione all'autorità amministrativa del compito di fissare un periodo transitorio per consentire alle banche di adeguarsi alla normativa preesistente.
A ciò si aggiunge, secondo la Corte, la considerazione per cui, risultando ragionevole attendersi simmetria tra la metodologia di calcolo del TEGM e quella dello specifico TEG, se le rilevazioni della Banca d'Italia fossero inficiate da illegittimità, non potrebbero essere applicate le sanzioni civili e penali, risultando radicalmente inapplicabile la disciplina antiusura: per l'utilizzo di criteri diversi da quelli elaborati dalla Banca d'Italia, il giudice sarebbe tenuto a procedere ad una nuova ricostruzione del TEGM, in rispetto del principio di omogeneità di confronto.
Ritiene il giudicante che la prima considerazione che occorre fare a fronte dell'enunciato della Cass. 12965/2016 è che si deve registrare un grave contrasto nella giurisprudenza della Cassazione. Le tesi sopra espresse contrastano infatti con il consolidato orientamento della Cassazione penale.
Afferma la sentenza della Cass. Penale n. 12028 del 2010: "Questo Collegio ritiene che il chiaro tenore letterale dell'art. 644 c.p., comma 4 (secondo il quale per la determinazione del tasso di interesse usurario si tiene conto delle commissioni, remunerazioni a qualsiasi titolo e delle spese, escluse quelle per imposte e tasse, collegate all'erogazione del credito) impone di considerare rilevanti, ai fini della determinazione della fattispecie di usura, tutti gli oneri che un utente supporti in connessione con il suo uso del credito. Tra essi rientra indubbiamente la Commissione di massimo scoperto... Tale interpretazione risulta avvalorata dalla normativa successivamente intervenuta in materia di contratti bancari. Al riguardo occorre richiamare il D.L. 29 novembre 2008, n. 185, art. 2 bis convertito con la L. 28 gennaio 2009, n. 2... La disposizione in parola, per quel che interessa in questa sede, può essere considerata norma di interpretazione autentica dell'art. 644 c.p., comma 4 in quanto puntualizza cosa rientra nel calcolo degli oneri ivi indicati, correggendo una prassi amministrativa difforme."
A sua volta la Cassazione penale n. 46669 del 2011 afferma "Con riferimento alla determinazione del tasso di interesse usurario, ai sensi dell'art. 644 c.p., comma 4, si tiene, quindi, conto delle commissioni, remunerazioni a qualsiasi titolo e delle spese, escluse quelle per imposte e tasse, collegate alla erogazione del credito... Quindi, come peraltro rilevato sia dal Tribuna-

le e dalla Corte territoriale, anche la CMS deve essere tenuta in considerazione quale fattore potenzialmente produttivo di usura, essendo rilevanti ai fini della determinazione del tasso usurario tutti gli oneri che l'utente sopporta in relazione all'utilizzo del credito, indipendentemente dalle istruzioni o direttive della Banca d'Italia (circolare della Banca d'Italia 30.9.1996 e successive) in cui si prevedeva che la CMS non dovesse essere valutata ai fini della determinazione del tasso effettivo globale degli interessi, traducendosi in un aggiramento della norma penale che impone alla legge di stabilire il limite oltre il quale gli interessi sono sempre usurari.

Le circolari e le istruzioni della Banca d'Italia non rappresentano una fonte di diritti ed obblighi e nella ipotesi in cui gli istituti bancari si conformino ad una erronea interpretazione fornita dalla Banca d'Italia in una circolare, non può essere esclusa la sussistenza del reato sotto il profilo dell'elemento oggettivo. Le circolari o direttive, ove illegittime e in violazione di legge, non hanno efficacia vincolante per gli istituti bancari sottoposti alla vigilanza della Banca d'Italia, neppure quale mezzo di interpretazione, trattandosi di questione nota nell'ambiente del commercio che non presenta in se particolari difficoltà, stante anche la qualificazione soggettiva degli organi bancari e la disponibilità di strumenti di verifica da parte degli istituti di credito....

La materia penale è dominata esclusivamente dalla legge e la legittimità si verifica solo mediante il confronto con la norma di legge (art. 644 c.p., comma 4) che disciplina la determinazione del tasso soglia che deve ricomprendere "le remunerazioni a qualsiasi titolo", ricomprendendo tutti gli oneri che l'utente supporti in connessione con il credito ottenuto e, in particolare, anche la CMS che va considerata quale elemento potenzialmente produttivo di usura nel rapporto tra istituto bancario e prenditore del credito.

Appare pertanto illegittimo lo scorporo dal TEGM della CMS ai fini della determinazione del tasso usuraio, indipendentemente dalle circolari e istruzioni impartite dalla Banca d'Italia al riguardo." Le sentenze penali esprimono alcuni importanti principi assolutamente condivisibili. La legge n. 108 del 1996 ha sancito in termini chiarissimi che la commissione massimo scoperto era una delle voci che dovevano essere conteggiate ai fini del calcolo del superamento del tasso soglia; né è messo in dubbio che tale elemento sia collegato all'erogazione del credito.

Tutti i soggetti che dovevano intervenire al fine di determinare quali erano le soglie dei tassi di interesse oltre ai quali scattava l'usura dovevano dare piena applicazione all'inconfutabile dettato legislativo. Si è invece verificato un fenomeno connotato da grandissima anomalia dal punto di vista istituzionale, ossia un'applicazione concreta contra legem della norma, attraverso un meccanismo per cui la commissione massimo scoperto veniva si rilevata ma non conteggiata nel Tegm.

Il primo punto di critica alla Cassazione n. 12965/2016 è che il precetto normativo è quello indicato dall'art. 644 c.p. comma IV e non dalla prassi che l'ha attuato. Una interpretazione quale quella della citata sentenza va a stravolgere un principio base del nostro ordinamento, ossia la prevalenza della legge sulla fonte secondaria; secondo la Corte invece la legge sarebbe assoggettata alle mutevoli decisioni di organi amministrativi nonché a formule matematiche applicative oggetto di pesanti critiche. Si ritiene invece corretto che la legge venga interpretata secondo i normali canoni ermeneutici quale si presentava prima dell'intervento correttivo; ora nessun interprete può seriamente sostenere che la commissione massimo scoperto non fosse chiaramente indicata nell'art. 644 c.p., il quale contiene anche quale inciso di chiusura il termine "remunerazioni a qualsiasi titolo".

Non c'era che da applicare il brocardo "in claris non fit interpretatio". Non si può stravolgere la realtà negando che la legge 2/09 non è intervenuta per sanare laceranti contrasti interpretativi, bensì semplicemente per imporre il rispetto della regola al sistema bancario.

Come correttamente affermato dalla Cassazione penale, nessun istituto di credito nei suoi vertici può legittimamente affermare di non avere compreso il chiaro disposto della norma e la difformità applicativa; applicare tassi e commissioni tali da sfiorare o superare i tassi soglia è dunque stata "un'attività pericolosa" liberamente scelta.

Quanto alla normativa transitoria prevista dalla legge 2/09, essa risulta riferita alla nuova CMS, non alla precedente, la quale risultava dipendente esclusivamente dall'utilizzazione dei fondi. Neppure si ritiene che l'inserimento della Cms nel calcolo del Teg renda inapplicabile la norma. Ai sensi dell'art. 2 legge n. 108 infatti la funzione del D.M. consiste nel fotografare l'andamento dei tassi medi di mercato, praticati da banche e intermediari finanziari sottoposti a vigilanza (comma 1), distinti per classi omogenee di operazioni "tenuto conto della natura, dell'oggetto, dell'importo, della durata, dei rischi e delle garanzie" per i fini indicati dalla legge.

Il TEGM rappresenta un indicatore fisiologico medio del mercato, tanto è vero che ad es. la Banca d'Italia ha escluso dalla rilevazione tipologie di crediti e elementi di costo che, discostandosi dalla norma per motivi particolari o di patologia, altererebbero il normale prezzo del credito applicato alla clientela. Ad es. sono esclusi dalle rilevazioni (vedi Istruzioni, par. B2) *le posizioni classificate a sofferenza, i crediti ristrutturati, le operazioni a tasso agevolato, i finanziamenti revocati: eppure nessuno dubita che anche tali crediti siano sottoposti al vaglio d'usura ancorché non rilevati.*

Avendo dunque la Banca d'Italia approntato una metodologia di rilevazione del costo fisiologico del denaro, l'aggregato dei costi ricompresi nella formula del TEG, impiegata per la determinazione del TEGM, può non esaurire tutti i possibili costi che rispondono al principio dettato dell'art. 644 c.p. e che devono essere viceversa ricompresi nella verifica di usura della singola erogazione di credito, fisiologica o patologica che sia. Da ciò consegue che la commissione di massimo scoperto va considerata uno degli elementi che rientrano nello spread tra Tegm e tasso soglia previsto dalla norma, mentre deve essere computata nel Teg.

Peraltro, anche ove si ritenesse necessario mantenere il cd principio di omogeneità tra Tegm e Teg, è possibile operare una correzione del Tegm (così come effettuato nelle perizie svolte in corso di causa su precisa indicazione del quesito) inserendo la Cms (la cui presa in considerazione non è stata esclusa in assoluto neppure dalla sentenza n. 12965/16) quando rilevata dalla Banca d'Italia nel computo del Tegm, anche in un'ottica di tipo garantistico, considerando che l'usura costituisce altresì reato, oltre che illecito civilistico. La legge sarebbe infatti inapplicabile nel solo caso di omissione di rilevamento, mancando i dati base su cui operare il calcolo dell'usura. Ove questo sia stato effettuato, il giudice può legittimamente disapplicare gli atti che abbiamo dato scorretta esecuzione alla legge.

Le Istruzioni della Banca d'Italia sono rivolte alle banche e agli operatori finanziari per rilevare il TEGM, ma non sono dirette a stabile i criteri di individuazione del teg e non possono vincolare il giudice nell'ambito del suo accertamento di tale dato applicato alla singola operazione secondo i criteri di legge. Venendo ai risultati della ctu del dott. Garola, deve dunque essere utilizzato il criterio di inclusione della cms per il periodo anteriore al 1.1.2010...".

Con ordinanza n. 15188 del 20.06.2017, come era prevedibile, la I Sezione Civile della Corte Suprema di Cassazione ha rimesso al Primo Presidente, per l'eventuale assegnazione alle Sezioni Unite Civili, la questione, oggetto di contrasto, se la nuova disciplina in tema di commissione di massimo scoperto introdotta dall'art. 2 *bis* della Legge n. 2 del 2009 abbia natura di interpretazione autentica della normativa in materia di usura, ovvero presenti carattere innovativo, essendo tesa a stabilire, solo per i rapporti sorti dopo l'entrata in

vigore della detta legge, il limite oltre il quale gli interessi sono sempre usurari, ai sensi dell'art. 644, comma 3°, c.p., con la conseguenza che, in riferimento ai rapporti precedenti, la determinazione del tasso effettivo globale, ai fini della valutazione del carattere usurario degli interessi applicati, deve aver luogo senza tener conto della commissione di massimo scoperto.
Si riporta, di seguito, uno stralcio dell'ordinanza[6] n. 15188 del 20.06.2017:
"(Omissis)...

- *4. Il terzo motivo di ricorso fa riferimento, come già sopra riscontrato, alla commissione di massimo scoperto. Pacifica l'applicazione di tale condizione economica a carico della Società in bonis lungo il corso del rapporto di conto corrente a suo tempo svoltosi inter partes, il motivo contesta peraltro la rilevanza della stessa ai fini del riscontro in concreto dell'usurarietà del credito di cui la Banca ha chiesto l'ammissione al passivo. Nell'includere la commissione nel novero degli oneri economici da conteggiare (insieme agli altri oneri) per l'espletamento della detta verifica, il Tribunale ha errato - assumono in specie i ricorrenti -perché il rapporto di conto corrente, di cui si discute in concreto, si è svolto prima del 2010.*

    Sino a tale momento, così argomentano gli stessi, la Banca d'Italia - nelle Istruzioni che ha rivolto agli intermediari - ha previsto «al punto C5, che la commissione di massimo scoperto non entrava nel calcolo» delle condizioni economiche richieste alle banche per essere utilizzati nella formazione dei c.d. tassi medi rilevati trimestralmente dai decreti del Ministro dell'economia.

    Solo con le istruzioni dell'agosto 2009 - concludono i ricorrenti - è venuto a mutare l'avviso della Banca d'Italia, che da allora ha incluso la commissione nel conto degli oneri rilevanti.

- *5. Nello svolgimento concreto del suo percorso, il motivo in esame si è dichiaratamente posto in termini di contestazione e di opposizione a un consistente orientamento seguito dalla giurisprudenza di questa Corte. Secondo tale orientamento - che fa diretto e immediato richiamo al tenore*

---

6. Consigliere relatore dott. Aldo Angelo Dolmetta, Giudice della Corte di Cassazione, Sezione Civile. Già professore ordinario di Istituzioni di Diritto Privato. Insegnava Diritto Bancario e Diritto Fallimentare nella Facoltà di Giurisprudenza dell'Università Cattolica S.C. di Milano. Autore e curatore di numerose pubblicazioni (obbligazioni, contratti, impresa, società, fallimento, profili di diritto successorio), in questi anni coltiva in particolare le tematiche dei rapporti tra l'impresa e i prodotti che questa immette nel mercato. È tra i direttori di Banca Borsa Titoli di Credito e membro del Comitato scientifico della Rivista di Diritto Bancario.

della norma dell'art. 1 della legge 7 marzo 1996, n. 108 (altrimenti detto, alla vigente norma dell'art. 644 cod. pen.), come pure al sistema complessivamente portato dalla legge stessa -, è da ritenere del tutto sicuro che l'onere recato dalla commissione di massimo scoperto esprima un costo del credito; e che, in quanto tale, lo stesso vada inserito nel conto delle voci rilevanti per la verifica dell'eventuale usurarietà dei negozi conclusi dall'autonomia dei privati. Cfr. così, in particolare, le sentenze di Cass. pen., 26 marzo 2010, n. 12028; di Cass. pen., 22 luglio 2010, n. 28743; di Cass. pen., 23 novembre 2011, n. 46669; di Cass. pen., 3 luglio 2014, n. 28928; con questa impostazione risulta in linea pure la pronuncia di Cass., 4 aprile 2016, n, 10516. Successivamente alla presentazione del ricorso, peraltro, sono comparse due pronunce che sono andate in contrario avviso rispetto all'orientamento appena sopra indicato.
Si tratta di Cass., 22 giugno 2016, n. 12965 e di Cass., 3 novembre 2016, n. 22270.

- 6. Il contrasto, che in tale modo si è venuto a delineare tra le diverse pronunce di questa Corte, viene essenzialmente a convergere e a riflettersi - secondo quanto emerge dall'esame delle contrapposte motivazioni, che in concreto sono state addotte - su due distinti profili, come poi destinati a combinarsi tra loro.
Il primo attiene all'insieme formato, da un lato, dalla norma definitoria della fattispecie oggettiva di usura, secondo il disposto del già richiamato art. 1 legge n. 108/1996 nonché dell'art. 644 cod. pen., e, dall'altro, dalla norma dell'art. 2-bis, comma 2, legge 24 gennaio 2009 n. 2, di conversione (con modificazioni) del d.l. 29 novembre 2008, n. 185, secondo cui «gli interessi, le commissioni e le provvigioni derivanti dalle clausole, comunque denominate, che prevedono una remunerazione a favore della banca, dipendente dall'effettiva durata dell'utilizzazione dei fondi da parte del cliente, dalla data di entrata in vigore della legge di conversione del presente decreto, sono comunque rilevanti ai fini dell'applicazione dell'art. 1815 cod. civ., dell'art. 644 cod, pen. e degli art. 2 e 3 legge 7 marzo 1996, n. 108» (cfr. i prossimi numeri 7 e 8).
Il secondo profilo è introdotto dal tema del rapporto che corre, nel sistema vigente, tra i parametri di costruzione del tasso effettivo medio (TEGM), di cui alle rilevazioni trimestrali del ministero dell'economia, e i parametri di riscontro e verifica dell'eventuale usurarietà dei negozi posti in essere dall'autonomia dei privati (cfr. i numeri da 9 a 11).

- 7. *La ricostruzione del sistema normativo in materia, che viene svolta dall'orientamento più recente e minoritario, viene avviata coll'esame della norma del comma 2 dell'art. 2 della legge n. 2/2009 (cfr., in modo particolare, il n. 11 della sentenza n. 12965/2016 e il n. 2.3. della sentenza n. 22270/2016). Tale esame produce, prima di ogni altra cosa, un doppio esito, che le due pronunce realizzano con passaggio immediato, quasi inavvertito.*
  Il primo si sostanzia nell'astrarre dalla complessiva, ampia portata del testo normativo (che appunto riguarda «gli interessi, le commissioni e le provvigioni») l'elemento delle «commissioni»; il secondo nell'identificare il genere di queste commissioni nella specie di quella dì «massimo scoperto». Ristretto in tal misura il tema complessivamente considerato dalla norma dell'art. 2-bis, l'orientamento in discorso osserva, poi, che «nessun dato testuale esprime alcuna precisa volontà del legislatore di fornire un'"interpretazione autentica" dell'art. 644 cod. pen. e dell'art. 1815 cod. civ.»; e che, d'altra parte, se la «norma avesse inteso proporsi secondo una valenza di interpretazione autentica, non sarebbe agevole dotare di apparente ragione la contemporanea fissazione di un dies a quo per attribuire rilevanza alle CMS nel calcolo del TEGM e, soprattutto, la devoluzione all'autorità amministrativa del compito di fissare un periodo transitorio per consentire alle banche di adeguarsi alla normativa preesistente». Fissate queste proposizioni, dal corpo delle medesime l'orientamento ritrae il convincimento che la norma dell'art. 2-bis «integri un vero e proprio mutamento innovativo della disciplina» della materia. Mutamento che viene individuato non già nei confronti dell'insieme normativo formato dall'art. 644 cod. pen. (ovvero art. 1 legge n. 108/1996), né nei confronti del disposto dell'art. 1815 cod. civ., nonostante il testo dell'art. 2-bis a questi vada a riferirsi, ma nei soli confronti del comma 3 dell'art. 644, per cui «la legge stabilisce il limite oltre il quale gli interessi sono sempre usurari».

- 8. *L'orientamento più consistente muove da un'impostazione opposta, «rovesciata» rispetto a quella adottata dalle sentenze appena riscontrate. Muove, cioè, dall'esame della norma definitoria di cui all'art.:. 1 della citata legge (644 cod. pen.).*
  Questa norma - si constata - non riguarda solo gli interessi; per la determinazione del tasso usuraio pure si deve tenere conto, in ragione appunto della formale indicazione data dalla legge, «delle commissioni,

remunerazioni a qualunque titolo e delle spese, escluse quelle per imposte e tasse». Perciò, «anche la CMS deve essere tenuta in considerazione» - così si passa a rilevare -, atteso che devono ritenersi «rilevanti, ai fini della determinazione del tasso usurario, tutti gli oneri che l'utente sopporta in relazione all'utilizzo del credito».

Assunta una simile prospettiva, la successiva introduzione della norma del comma 2 dell'art. 2-bis risulta quasi in automatico assumere i tratti della regola di interpretazione autentica dell'art. 644 («in quanto puntualizza cosa rientra nel calcolo degli oneri ivi indicati, correggendo una prassi amministrativa difforme»; su questo punto si veda, in particolare, la sentenza n. 12028/2010, donde la frase appena trascritta). Anche perché tale qualificazione, oltre a mantenere valore alla norma definitoria, dà conveniente lettura del complessivo disposto del comma 2 dell'art. 2-bis, come per l'appunto inteso a ribadire che, ai fini dell'usura, contano tutti gli oneri economici che risultano caricati sul cliente (laddove la regolamentazione transitoria di cui alla parte finale del comma si lega, sub specie dell'usura, al diverso tema regolato dalla norma del comma 1 dell'art. 2-bis, per l'appunto inteso a disciplinare ex novo la materia della nullità della commissione di massimo scoperto).

Del resto, è opinione consolidata di questa Corte che la commissione di massimo scoperto integri, quale costo addossato al debitore, una specifica forma di «remunerazione» del credito (per tutte si veda, da ultimo, Cass., 7 marzo 2017, n. 5609). Sì che una sua esclusione dal novero degli oneri di rilevanza usuraria, e per un periodo più che decennale, dovrebbe comunque trovare - in ragione dell'appartenenza della stessa alla specie centrale dei «corrispettivi» - un'oggettiva e forte giustificazione. Né in ogni caso potrebbe assegnarsi peso determinante al fatto che la disposizione dell'art. 2-bis non dichiari in modo espresso di essere norma di interpretazione autentica.

Che una norma di legge riproduca i contenuti e termini di una regola già vigente nel sistema è evenienza di riscontro obiettivo: predicare alla norma di successiva introduzione la natura di regola innovativa significa, allora, assegnarle un'inaccettabile forza retroattiva nei confronti della norma di data anteriore (ex post così portando la disposizione nuova a incidere sul significato normativo della vecchia).

- *9. L'altro nodo essenziale, su cui si confrontano gli opposti orientamenti in questione (cfr. sopra, n. 6), riguarda la così detta omogeneità dei dati comparati in punto di usura: da un lato, gli oneri economici presi in considerazione ai fini delle rilevazioni dei TEGM, di cui ai decreti di rilevazione trimestrale del ministero dell'economia; dall'altro, gli oneri economici su cui si deve esercitare la verifica dell'eventuale usurarietà dei negozi posti in essere dall'autonomia dei privati. Questo profilo, non poco complesso - posto pure che propone un tema per sé generale della vigente normativa antiusura, non esclusivo della commissione di massimo scoperto -, si compone di più e distinti sottoproblemi. Il primo dei quali attiene alla stessa effettiva sussistenza, nel sistema antiusura che risulta attualmente vigente, di una regola di omogeneità in proposito, nonché del peso che alla stessa andrebbe nel caso riconosciuta.*

Non si può trascurare al riguardo che, secondo quanto più volte segnalato dalla giurisprudenza di merito, la normativa della legge n. 108/1996 contempla espressamente l'eventualità della non omogeneità dei dati da porre a confronto. La norma dell'art. 2, comma 1, di tale legge - dopo avere ribadito che le rilevazioni trimestrali del «tasso effettivo globale medio» debbono essere «comprensive di commissioni, di remunerazioni e di spese, escluse quelle per imposte e tasse» - aggiunge, in particolare, che i «valori medi derivanti da tale rilevazione» vengono «corretti in ragione delle eventuali variazioni del tasso ufficiale di sconto successive al trimestre di riferimento». In ogni caso è da riscontrare che il contesto della vigente legge antiusura non esplicita una regola di omogeneità dei dati in comparazione; e neppure la suppone in via necessaria. Le stesse istruzioni della Banca d'Italia - che, per la verità, non risultano prese in considerazione nell'ambito della normativa di cui alla legge n. 108/1996 (l'art. 2 di questa affidando le rilevazioni trimestrali al Ministro dell'economia, «sentiti la Banca d'Italia e l'Ufficio italiano dei cambi») - sono in via espressa rivolte esclusivamente agli intermediari (cfr., ad esempio, la «sezione I - istruzioni per la segnalazione», «A. - generalità della rilevazione», «A.2 - soggetti tenuti alla rilevazione» delle istruzioni emanate nell'agosto del 2009).

Le dette istruzioni, in altri termini, non hanno, né propongono, alcun contatto o interferenza con i negozi dell'autonomia dei privati.

- *10. Un secondo dubbio, che pure risulta di carattere generale per la materia usuraria, si ferma sull'eventualità che i dati stabiliti per le rilevazioni trimestrali non si manifestino corretta espressione del dettato legislativo. L'indirizzo più recente ritiene che, «quand'anche le rilevazio-*

ni effettuate dalla Banca d'Italia dovessero considerarsi inficiate da un profilo di illegittimità (per contrarietà alle norme primarie regolanti la materia ...), questo non potrebbe in alcun modo tradursi nella possibilità, per l'interprete, di prescindervi, ove sia in gioco ... l'applicazione delle sanzioni penali e civili, derivanti dalla fattispecie della c.d. usura presunta, dovendosi allora ritenere radicalmente inapplicabile la disciplina antiusura per difetto dei tassi soglia rilevati dall'amministrazione».

Di segno opposto è la lettura che del fenomeno dà l'altro orientamento, per cui si deve fare riferimento ai comuni principi dell'ordinamento vigente. «Le circolari e le istruzioni della Banca d'Italia non rappresentano una fonte di diritti e obblighi» " così si rileva - «e, nella ipotesi in cui gli istituti bancari si conformino ad una erronea interpretazione fornita dalla Banca d'Italia in una circolare, non può essere esclusa la sussistenza del reato sotto il profilo dell'elemento oggettivo». «Le circolari o direttive, ove illegittime e in violazione di legge, non hanno efficacia vincolante per gli istituti sottoposti alla vigilanza della Banca d'Italia, neppure quale mezzo di interpretazione».

- 11. L'ulteriore dubbio, che viene a proporre il tema della omogeneità dei dati dell'usura, attiene direttamente alla commissione di massimo scoperto. Le istruzioni emanate dalla Banca d'Italia da sempre (sin da quelle del 1996, cioè) indicano che «la commissione di massimo scoperto non entra nel calcolo del TEG». Peraltro, le stesse istruzioni da sempre aggiungono subito appresso che «essa viene rilevata separatamente, espressa in termini percentuali». In effetti, le rilevazioni trimestrali hanno sempre avuto cura di indicare, in via separata, la percentuale media del peso che tale commissione viene a possedere: percentuale che, a scorrere le rilevazioni susseguitesi nel tempo, risulta variabile, secondo uno spettro che grosso modo trascorre dallo 0,40% all'1% su base annua (a indice che la misura della percentuale si trova comunque ritratta dalla dinamica di dati, che sono stati rilevati dalla operatività).

Ciò sembra indicare che, nel complesso delle indicazioni date dalla Banca d'Italia, la commissione di massimo scoperto - più che essere dichiarata come irrilevante ai fini della regolamentazione dell'usura - sia ritenuta rilevante, bensì in modo autonomo.

Tenuto anche conto del principio per cui l'intera normativa di regolamentazione della materia usuraria - comprese le istruzioni dettate dalla Banca d'Italia - va letta in termini di unitarietà sistematica, come fo-

calizzate sulle regole manifestate dalla norma dell'art. 644 cod. pen. (principio che la giurisprudenza di questa Corte ha già richiamato; cfr. Cass., 5 aprile 2017, n. 8806), sembra non azzardato ipotizzare che questa «rilevanza separata» dipenda dal fatto che la commissione di massimo scoperto è forma di remunerazione del credito che viene applicata non già in via indiscriminata (come gli interessi compensativi o moratori), ma solo in relazione a certe forme tecniche di utilizzo del credito (precisamente alla forma del c.d. «scoperto di conto»).
In ogni caso è ragionevole presumere che questa continuativa indicazione della commissione di massimo scoperto nei decreti di rilevazione trimestrale risponda a un qualche apprezzabile significato. Se non altro, di allerta della pratica: in funzione di ausilio, cioè, degli organi di vertice delle imprese bancarie che, come riscontra la sentenza di Cass. pen. n. 46669/2011, «hanno il dovere di informarsi con diligenza sulla normativa esistente, essendo loro attribuiti, dai relativi statuti, poteri in materia di erogazione del credito, rientranti nell'ambito dei più generali poteri di indirizzo dell'impresa».

- *12. Segnalato il contrasto esistente nella giurisprudenza di questa Corte, va ancora rilevato che il tema della rilevanza usuraria della commissione di massimo scoperto, sopra rappresentato, si pone pure come «questione di massima dì particolare importanza» ex art. 374 cod. proc. civ.*
La stessa, infatti, viene attualmente portata con intensa frequenza all'esame dei giudici, per assumere sovente accenti di forte importanza. A indice del rilievo che la questione riveste oggi a livello di diritto vivente, si richiama qui la recente pronuncia di Cass., 15 febbraio 2016, n. 2910, che ha ritenuto che non può essere considerata «inammissibilmente nuova», «rispetto a una domanda originaria di nullità totale di un contratto di conto corrente bancario», la domanda di nullità parziale concernente la «commissione dì massimo scoperto in relazione al superamento del tasso soglia», che sia stata «introdotta per la prima volta in appello» (a prescindere, cioè, dalla rilevabilità di ufficio di tale vizio). In conclusione, il Collegio ritiene di rimettere la causa al Primo Presidente per l'eventuale assegnazione alle Sezioni Unite di questa Corte...(Omissis)".

---

7. Sul punto si segnala l'intervento dello scrivente dal titolo: "Rapporto tra giurisprudenza di legittimità penale e civile; vincoli interpretativi del magistrato inquirente e giudicante" nell'ambito del Convegno: "Usura bancaria e usura criminale: la legge n. 108/1996 quale unico presidio. Il danno da illegittima

La questione in data 27.02.2018[7] è stata discussa dalle Sezioni Unite Civili della Corte Suprema di Cassazione[8]. In data 20.06.2018 sono state depositate

> segnalazione alla Centrale Rischi. La recente decisione delle Sezioni Unite della Cassazione n. 898 del 16.01.2018", tenutosi in Roma in data 23.02.2018 presso la sala Europa della Corte di Appello.
> "In questo contesto, dove si discute di usura bancaria, che, come è stato stabilito dal Consiglio di Stato nel 2007, è equiparata a tutti gli effetti all'usura criminale, parlare di rapporto tra giurisprudenza di legittimità penale e civile, significa evidenziare il contrasto insorto negli ultimi tempi tra la Cassazione penale e quella civile in materia di computo delle commissioni di massimo scoperto (CSM) nel calcolo del tasso effettivo globale (TEG) fino al 31.12.2009.
> Infatti, con la sentenza n. 22270 del 03.11.2016, la I Sezione Civile della Corte Suprema di Cassazione è tornata sul tema della rilevanza da attribuire alle commissioni di massimo scoperto (CMS), addebitate dagli istituti di credito nell'ambito dei rapporti di conto corrente, ai fini della verifica – ex Legge n.108/1996 – del TEG praticato dalla singola Banca.
> Mediante la sentenza in questione la Suprema Corte di Cassazione, Sezione Civile, andando a consolidare il proprio orientamento (Cfr. Corte di Cassazione, I Sezione Civile, sentenza n. 12965 del 22.06.2016), ha ribadito che, sino all'anno 2009, le commissioni di massimo scoperto (CMS) non debbano essere ricomprese nel calcolo del TEG, da determinarsi in conformità alle Istruzioni all'uopo emanate dalla Banca d'Italia, Istruzioni che – per l'appunto – escludevano dal computo del TEG il prefato onere sino al 31.12.2009.
> La conclusione cui giunge la Cassazione, Sezione Civile, trae principalmente origine dal 2° comma dell'art. 2 bis del citato Decreto Legge n. 185 del 2008 – introdotto dalla Legge di conversione n. 2 del 28.01.2009. Secondo i Giudici Civili della Suprema Corte, alla mentovata disposizione normativa non può riconoscersi natura interpretativa, trattandosi – piuttosto – di un intervento di carattere innovativo. Pertanto, tenuto conto che la Banca d'Italia soltanto con l'aggiornamento dell'agosto 2009 delle proprie "Istruzioni" (vigenti per la rilevazione dei tassi soglia decorrenti dal 01.01.2010) ha stabilito che le commissioni di massimo scoperto (e gli oneri equipollenti) rilevino ai fini del calcolo del TEGM, la Cassazione, Sezione Civile, ha ribadito che, sino a tale data (31.12.2009), la verifica della conformità alla normativa antiusura del TEG di un rapporto di conto corrente debba essere fatta escludendo dal suo computo le commissioni di massimo scoperto (CSM).
> L'orientamento sul tema assunto dalla I Sezione Civile della Corte di Cassazione si contrappone in maniera netta a quello assunto – sulla stessa questione – dalla II Sezione Penale del medesimo Supremo Collegio: con le sentenze n. 12965 del 22.06.2016 e n. 22270 del 03.11.2016, difatti, i Giudici Civili hanno espressamente criticato le pronunce n. 12028/2010, n. 28743/2010 e n. 46669/2011, n. 28928 2014 e n. 10516/2016, mediante le quali i Colleghi della II Sezione Penale – riconoscendo natura interpretativa (e non innovativa) all'art. 2 bis della Legge n. 2/2009 – avevano giudicato le commissioni di massimo scoperto (CMS) rilevanti ai fini del computo del TEG anche per il periodo antecedente al 2010 e ciò a prescindere dalle difformi indicazioni impartite dalla Banca d'Italia.
> Il contrasto tra la giurisprudenza penale e la giurisprudenza civile circa il computo delle commissioni di massimo scoperto (CSM) nel calcolo del tasso effettivo globale (TEG) fino al 31.12.2009, rappresenta un caso quasi unico nella storia della nostra giurisprudenza di legittimità, dal momento che la Cassazione Civile ha di fatto invaso il campo della Cassazione Penale in materia di reato (art. 644 c.p.). Questo è quanto affermavo esattamente un anno fa in un mio articolo dal titolo provocatorio "Banche e golpe giudiziario".
> L'ordinamento processuale italiano non è più ispirato al principio dell'unità della giurisdizione e della prevalenza del giudizio penale su quello civile, essendo stato dal Legislatore instaurato il sistema della quasi completa autonomia e separazione tra i due processi, nel senso che da un lato il processo civile deve proseguire il suo corso senza essere influenzato dal processo penale e, dall'altro, il Giudice Civile deve procedere ad un autonomo accertamento dei fatti e della responsabilità (civile) con pienezza di cognizione, non essendo vincolato alle soluzioni e alle qualificazioni del Giudice Penale.
> Il principio dell'autonomia adottato in Italia non è "assoluto o puro" ma è moderato. Difatti, la giurisprudenza penale ha una tendenziale prevalenza su quella civile (ciò è desumibile implicitamente anche dall'art. 651 c.p.p.), poiché è destinata a garantire una maggiore tutela della collettività rispetto a quella civile. In ogni caso è del tutto compatibile col nuovo assetto dei rapporti tra giudizio penale e civile la possibilità che il giudicato penale e quello civile presentino contrasti tra loro, senza che tale conflitto com-

le attese motivazioni della sentenza nt. 16303/2018. Da un lato, le Sezioni Unite Civili, discostandosi dalle richieste del ceto bancario, hanno ricono-

> porti conseguenza alcuna, continuando ad esplicare i giudicati la loro efficacia nell'ambito dei rispettivi ordinamenti civile e penale.
> Questo principio di diritto, sancito più volte dalla giurisprudenza di legittimità (Cfr., ex plurimis, Corte di Cassazione, III Sezione Civile, sentenza n. 4787 del 26.02.2013 Corte di Cassazione, III Sezione Civile, IV Sezione, sentenza n. 4758 del 10.03.2015) è molto importante per i Pubblici Ministeri e per i Giudici Penali, perché fa sì che, ove vi siano dubbi interpretativi in materia di usura bancaria punita dal codice penale, essi non devono conformarsi al decisum della Cassazione Civile ma, senza dubbio, devono conformarsi al decisum della Cassazione Penale.
> Anche in materia penale, l'attività di interpretazione dei Giudici ha carattere creativo e, cioè, anche applicando le norme penali i Giudici "creano" diritto. Dunque, i fondamenti illuministici della interpretazione "neutra", come disvelamento di un'obiettività giuridica tutta interna alla norma, risultano, alla fine, ingenui e superati. Anche il Giudice penale è creativo nella sua ermeneutica, nonostante il pilastro della riserva di legge. Ciò ovviamente non significa che i Magistrati inquirenti e giudicanti possano modificare la legge. Non si può sottacere, inoltre, che la materia penale è dominata esclusivamente dalla legge e la legalità si verifica solo mediante il confronto con la norma giuridica di rango superiore (art. 644, 4° comma, c.p.) nell'ambito della gerarchia delle fonti del diritto. È evidente che il contrasto in questione ha generato una grande sfiducia nella Giustizia da parte dei cittadini consumatori bancari, nonché una loro inevitabile confusione, poiché assistono inermi ad un contrasto giurisprudenziale senza precedenti, dannoso e non sanabile, in pregiudizio del sistema economico, nonostante la funzione di nomofilachia della Corte Suprema di Cassazione. Per funzione nomofilattica o nomofilachia nel diritto, fino a prova contraria, si intende comunemente il compito di garantire l'osservanza della legge, la sua interpretazione uniforme e l'unità del diritto in uno Stato nazionale.
> Tale funzione nell'ordinamento italiano è descritta dall'art. 65 della legge sull'ordinamento giudiziario (R.D. 30.01.1941 n. 12): «La corte suprema di cassazione, quale organo supremo della giustizia, assicura l'esatta osservanza e l'uniforme interpretazione della legge, l'unità del diritto oggettivo nazionale, il rispetto dei limiti delle diverse giurisdizioni; regola i conflitti di competenza e di attribuzioni, ed adempie gli altri compiti ad essa conferiti dalla legge.
> La corte suprema di cassazione ha sede in Roma ed ha giurisdizione su tutto il territorio del regno, dell'impero e su ogni altro territorio soggetto alla sovranità dello Stato». Funzione che il Regio Decreto del 1941 attribuisce alla nostra Corte Suprema di Cassazione. La funzione nomofilattica della Cassazione si articola in due sottofunzioni ben distinte: da un lato garantire l'attuazione della legge nel caso concreto, realizzando la giurisdizione in senso stretto, dall'altro fornire indirizzi interpretativi "uniformi" per mantenere, nei limiti del possibile, l'unità dell'ordinamento giuridico, attraverso una sostanziale uniformazione della giurisprudenza.
> Il controllo degli indirizzi interpretativi obbedisce all'elementare esigenza di garantire la certezza del diritto. Nei casi più importanti o in quelli per i quali vi siano orientamenti contrastanti delle diverse Sezioni, la Cassazione si riunisce in Sezioni Unite con la presenza di nove membri compreso il primo Presidente o un Magistrato da lui delegato.
> Le Sezioni Unite (SS.UU.) costituiscono la Sezione più autorevole della Corte Suprema di Cassazione. Nel processo civile, la pronuncia delle Sezioni Unite è contemplata dall'art. 374 c.p.c., mentre nel processo penale è prevista all'art. 618 c.p.p.
> In materia penale, quando occorre dirimere contrasti insorti tra le decisioni delle singole Sezioni o quando le questioni proposte sono di speciale importanza (ad esempio perché si tratta di una questione che si presenta per la prima volta), il Presidente della Corte di Cassazione, su richiesta del Procuratore Generale, dei difensori delle parti o anche d'ufficio, assegna, ex art. 610 c.p.p., il ricorso alle Sezioni Unite. Le sentenze delle SS.UU. sono la massima espressione della giurisprudenza italiana in materia di legittimità procedurale: esse danno un orientamento definitivo in materia penale e civile anche se le singole Sezioni possono esprimere un avviso diverso non condividendo il principio di diritto enunciato dalle Sezioni Unite, rimettendo a quest'ultime, con ordinanza motivata, la decisione del ricorso (ex art. 374 c.p.c. e art. 618 c.p.p.).
> Quindi, al momento non esiste un rigido vincolo delle Sezioni semplici al precedente delle Sezioni Unite.
> Il valore del precedente, nell'ambito del contrasto tra la Cassazione penale e quella civile in materia di

sciuto, in base al dettato normativo (art. 644 c.p.), il computo delle commissioni di massimo scoperto (CMS) nel calcolo del tasso effettivo globale

> computo delle commissioni di massimo scoperto (CSM) nel calcolo del tasso effettivo globale (TEG), merita un'attenta riflessione in ordine ai futuri scenari giurisprudenziali in tema di usura bancaria.
> Infatti, l'imminente decisione delle Sezioni Unite Civili potrebbe non essere condivisa dalla Cassazione penale e, ai sensi dell'art. 618 c.p.p., quest'ultima potrebbe rimettere in discussione davanti alle Sezioni Unite Penali il principio di diritto enunciato dalla Sezioni Unite Civili, atteso che la norma di riferimento, per ammettere o meno il calcolo delle commissioni di massimo scoperto (CSM) ai fini della verifica dell'usurarietà, è e resta l'art. 644 c.p.
> Nel caso che ci occupa, quest'articolo del codice penale rappresenta senza dubbio la "Grundnorm". Sicché si può concludere sostenendo che, avendo scelto la Cassazione civile per dirimere una questione che – per evidenti ragioni di opportunità - competeva alla Cassazione penale, è come aver scelto un chirurgo del cuore per operare il cervello.
> Prendendo spunto dal titolo del bel libro scritto di recente dal noto imprenditore Andrea Bulgarella e dal giornalista Giacomo Di Girolamo, mi chiedo e vi chiedo se questa è o non è una partita truccata?".
> Sul punto si segnala, altresì, l'intervento dello scrivente dal titolo: "La normativa antiusura e il momento consumativo del reato. La gerarchia giurisprudenziale civile e penale" nell'ambito del Convegno: "Indebiti bancari: strategie processuali e novità giurisprudenziali, anche delle Corti Europee", tenutosi in Taranto in data 31.05.2019 presso l'Università degli Studi di Bari Aldo Moro – Dipartimento Jonico in Sistemi giuridici ed economici del Mediterraneo.

8. Con sentenza non definitiva del 13.09.2017, pronunciata ex art. 281 sexies c.p.c., il Tribunale di Torino, I Sezione Civile, in persona del Giudice dott. Enrico Astuni, ha stabilito - in sintesi - i seguenti importanti principi di diritto in materia di anomalie e vizi bancari: "...La commissione di estinzione anticipata si qualifica in diritto come multa penitenziale (art. 1373 co. 3 c.c.), se è il corrispettivo pattuito per la facoltà di recesso dal contratto, per l'intero capitale o per una parte, o come penale per inadempimento, subordinata al verificarsi delle condizioni (risoluzione) che consentono alla banca di chiedere l'immediato rimborso del credito.
In entrambi i casi, funzione della commissione è di ristorare forfetariamente la banca delle remunerazioni contrattuali perdute per effetto dell'anticipata chiusura del piano di rimborso...La penale di estinzione anticipata è costo inerente all'erogazione del credito, essendo contenuta nel contratto di credito, stimolandone il regolare adempimento e costituendo un succedaneo delle remunerazioni contrattuali perdute dalla banca per effetto dell'anticipata estinzione... La legge n. 108/96 ha demandato all'autorità amministrativa di fare una rilevazione statistica dell'andamento dei tassi medi di mercato (praticati dal sistema bancario-finanziario e distinti per classi omogenee di operazioni), ma non il potere di definire la fattispecie usuraria e di escludere la rilevanza di costi comunque collegati all'erogazione del credito.
Che pertanto le istruzioni della Banca d'Italia non abbiano considerato e tuttora non considerino la penale di estinzione (come la mora e altri oneri previsti per il caso di inadempimento) nella rilevazione del TEGM non osta alla sua rilevanza ai fini della verifica di usurarietà ai sensi dell'art. 644 c.p... Malgrado il contrario avviso di Cassazione 22 giugno 2016 n. 12965, non esiste un raffronto diretto tra TEGM e TEG. Parametro di verifica della non usurarietà del TEG contrattuale è infatti non il TEGM ma il tasso soglia ricavato dall'applicazione al TEGM dello spread normativamente previsto.
Che dunque nel TEG siano computati ai fini della verifica di legalità costi non rilevati nel TEGM – perché ritenuti, a ragione o a torto, non significativi su un piano statistico (costi atipici, di rara applicazione ecc.) o non idonei a rappresentare il costo normale del credito (mora e altri effetti dell'inadempimento) – non nuoce alla comparabilità col tasso soglia...
Benché l'art. 644 c.p. e l'art. unico della legge di interpretazione autentica (d.l. 394/00 conv. in legge 24/01) non distinguano tra costi effettivi, ragionevolmente certi o meramente possibili, sulla base del programma negoziale e dei dati disponibili, soltanto i costi effettivi (già sostenuti) o ragionevolmente certi (futuri ma inerenti alla regolare esecuzione del programma negoziale) al momento della conclusione del contratto esprimono un peso economico e finanziario superiore a 0 capace di "superare il limite stabilito dalla legge [...] nel momento in cui sono promessi" e concorrono pertanto alla determinazione ex ante del TEG contrattuale...".

(TEG) anche nel periodo antecedente il 2010. Dall'altro, discostandosi dalle richieste degli utenti bancari, hanno riconosciuto una modalità di calcolo delle commissioni di massimo scoperto (CMS) ai fini usura conforme alle Istruzioni della Banca d'Italia dettate fino al 31.12.2009.

I Giudici di legittimità, chiamati di fatto a processare l'operato della Banca d'Italia e del Ministero del Tesoro (ora MEF), non hanno ritenuto opportuno "colpire" lo Stato per evidenti ragioni di ordine finanziario. La sentenza, non immune da vizi, ha cercato di salvare capra e cavoli nel pieno rispetto della tradizione italiana.

In sintesi, questo è il principio di diritto enunciato dalle SS.UU.: le commissioni di massimo scoperto (CMS) si computano per legge nel calcolo del tasso effettivo globale (TEG) anche per il periodo antecedente il 2010, perché rappresentano - senza dubbio - un costo collegato all'erogazione del credito, ma il calcolo ai fini dell'usura presunta (c.d. oggettiva o in astratto) va fatto separatamente in favore degli intermediari creditizi e nel rispetto dei Decreti Ministeriali, provvedimenti amministrativi anziché atti normativi, errati nella forma e non nella sostanza. Questa soluzione pilatesca, tipica della cultura nostrana, certamente non ha messo la parola fine alla delicata questione giuridico-contabile.

Passano gli anni, si avvicendano le sentenze, ma non si arrestano i tentativi di distorcere la verità giuridica. La norma centrale in tema d'usura era, è e sarà l'art. 644 c.p., alla quale si uniformano, e con la quale si raccordano, le ulteriori disposizioni che disciplinano la materia. La centralità sistematica di tale articolo non può in nessun modo essere scalfita o messa in discussione, a nulla rilevando le forzature contenute in alcune decisioni di merito con le quali si è attribuita copertura normativa alle "Istruzioni" di Banca d'Italia.

Preme ricordare, se ce ne fosse ancora bisogno, che le suddette "Istruzioni" sono atti amministrativi, meramente interni, privi di alcuna valenza precettiva, che devono essere disapplicati nella parte in cui risultano confliggenti con la norma di rango superiore.

"Il delitto di usura, quale definito a seguito della L. 108/1996, non riserva affatto compiti creativi alla Pubblica Amministrazione, affidando a questa margini di discrezionalità che invaderebbero direttamente l'area penale riservata alla legge ordinaria, atteso che il Legislatore si è fatto carico di introdurre e di delineare una rigida griglia di previsioni e di principi, affidando alla normazione secondaria null'altro che un compito di registrazione ed elaborazione tecnica di risultanze, al di fuori di qualsiasi margine di discrezionalità" (Cfr. Corte di Cassazione, II Sezione Penale, sentenza n. 20148 del 18.03.2003).

Diversa, poi, risulta essere la funzione di tali atti della Banca d'Italia, rispetto all'art. 644 c.p. Le "Istruzioni" sono finalizzate ad indicare agli Istituti Bancari criteri operativi per la comunicazione al Ministero dei tassi medi dagli stessi praticati in relazione alle varie classi omogenee di operazioni finanziarie. La norma penale, invece, specifica le voci di costo da prendere in considerazione ai fini del calcolo del TEG.

L'aspetto più critico e paradossale della vicenda è rappresentato dal fatto che l'inequivocabile centralità dell'art. 644 c.p., più volte ribadita negli anni dalla Cassazione Penale, giudice naturale delle norme penali, sia stata obiettata e confutata dalla Cassazione Civile, alimentando ulteriormente lo scompiglio e l'anarchia di pensiero in materia.

L'augurio è che le cose vengano messe al loro posto esatto in brevissimo tempo. Inoltre, con sentenza n. 49318 del 25.10.2016, la II Sezione Penale della Corte Suprema di Cassazione ha modificato, senza seguire un iter logico-giuridico convincente, un suo precedente e costante orientamento sull'elemento soggettivo del reato di usura bancaria. Infatti, per la Cassazione Penale, l'articolo 644 c.p. richiedeva pacificamente il dolo generico, essendo sufficiente per gli Ermellini che l'agente si rappresentasse e volesse farsi dare o promettere, tramite la stipulazione di un contratto a prestazioni corrispettive, interessi usurari, oppure interessi usurari in concreto da persona in difficoltà economico-finanziaria. Rilevato, altresì, che il tema dell'ammissibilità del dolo eventuale non ha mai destato negli ultimi tempi l'attenzione della giurisprudenza di legittimità, che anzi ha ritenuto implicitamente corretta la risposta affermativa al quesito, la dottrina maggioritaria ritiene del pari, ed in modo pienamente condivisibile, che l'elemento soggettivo sussista anche quando vi sia la prova che l'agente "abbia accettato il rischio che la controprestazione fosse usuraria, cioè che fosse superiore alla soglia legale il corrispettivo ottenuto in promessa o percepito".

Da segnalare tuttavia, accanto ad un filone intermedio che considera compatibile il dolo eventuale solo per l'usura soggettiva o in concreto (art. 644, 3° comma seconda parte, c.p.) una risalente e recessiva corrente giurisprudenziale (formatasi peraltro nella vigenza della vecchia formulazione dell'art. 644 c.p.) a mente della quale il dolo eventuale non potrebbe trovare cittadinanza nel reato de quo. Questo orientamento, risalente agli anni '80, è stato rispolverato all'improvviso dalla II Sezione Penale della Corte Suprema di Cassazione con la citata sentenza n. 49318 del 25.10.2016, che ha sostituito il dolo diretto al dolo generico. Sul punto la Suprema Corte così si è espressa:

"Passando, quindi, al punto della natura dell'elemento soggettivo del reato di usura, si registra un risalente orientamento di questa Corte, anteriore alla riforma dell'art. 644 c.p. ma che conserva – con i dovuti adattamenti perdurante

attualità: il reato di usura è punibile solo a titolo di dolo diretto, che consiste nella cosciente volontà di conseguire i vantaggi usurari. Infatti, il dolo eventuale o indiretto postula una pluralità di eventi (conseguenti all'azione dell'agente e da questi voluti in via alternativa o sussidiaria nell'attuazione del suo proposito criminoso) che non si verifica nel reato di usura in cui vi è l'attingimento dell'unico evento di ottenere la corresponsione o la promessa di interessi o vantaggi usurari, in corrispettivo di una prestazione di denaro o di altra cosa mobile (Sez. 2, n. 1789 del 21.06.1983 – dep. 01.0 3.1984, Gaiotto, Rv. 162875; Sez. 2, n. 6611 del 12.01.1983 – Priotti, Rv. 159935)".

È superfluo ribadire che tale orientamento giurisprudenziale, ammettendo il dolo diretto in luogo del dolo generico ed eventuale in materia di usura (criminale e bancaria), è in contrasto con i più elementari principi di diritto. Gli interessi moratori usurari, inoltre, determinano la gratuità dell'intero finanziamento. Gli interessi di mora, infatti, rientrano nel perimetro di operatività degli artt. 644 c.p. e 1815, 2° comma, c.c., e determinano, in caso di loro pattuizione usuraria, la gratuità dell'intero finanziamento.

Nel vivace dibattito sulla assoggettabilità degli interessi moratori alla disciplina antiusura (L. 108/1996), si inserisce la sentenza n. 4323 del 07.07.2016 della Corte di Appello di Roma – II Sezione Civile, che ricomprende anche gli interessi di mora nel perimetro di operatività degli artt. 644 c.p. e 1815, 2° comma, c.c., facendone derivare, in caso di loro pattuizione usuraria, la gratuità dell'intero finanziamento.

Come noto, nella prassi si fronteggiano due opposti orientamenti.

Secondo un primo indirizzo minoritario (Cfr. Tribunale di Cremona 09.01.2015; Tribunale di Milano 29.01.2015; Tribunale di Roma 07.05.2015; Tribunale di Rimini 06.02.2015; Tribunale di Vibo Valentia; Tribunale di Brescia 24.11.2014; Tribunale di Salerno 27.07.1998; Tribunale di Macerata 01.06.1999; Tribunale di Napoli 05.05.2000; Tribunale di Treviso 12.11.2015 e Cass. Pen. n. 5689/2012), ad escludere l'assoggettamento degli interessi di mora alla normativa antiusura concorrono:

a) il rilievo che gli artt. 1815, 2° comma, c.c., e 644, comma 1°, c.p., si riferiscono, rispettivamente, agli interessi "convenuti" e "in corrispettivo", dunque valorizzando la fase fisiologica del rapporto (Tribunale di Verona 12.09.2015);

b) la circostanza che le Istruzioni della Banca d'Italia per il calcolo del tasso effettivo globale medio (TEGM) non contemplano gli interessi di mora (c.d. principio di omogeneità di confronto): la L. 108/1996 esige, infatti, la rilevazione comparata di "operazioni della stessa natura" (la mancanza di un tasso soglia ad hoc degli interessi moratori ha indotto parte della giurisprudenza di merito ad escludere la loro assoggettabilità alla disciplina sull'usura: Tribunale di Varese 26.04.2016 e Tribunale di Milano 28.04.2016);

c) la diversa funzione degli interessi moratori - comunque eventuali - aventi natura risarcitoria/sanzionatoria, alternativa rispetto agli interessi corrispettivi, aventi invece natura remunerativa: *"gli interessi moratori non remunerano affatto il creditore dell'erogazione del credito, ma lo ristorano per il protrarsi della perdita della disponibilità di somme di denaro che egli non ha accettato, ma che subisce per effetto dell'inadempimento del debitore e per un periodo di tempo non prevedibile"* (Tribunale di Treviso 12.11.2015);

d) la circostanza che il c.d. TAEG 'comunitario (Cfr. Direttiva 2008/48/CE e Direttiva 2014/17/UE, entrambe recepite dal nostro ordinamento) non contempla gli interessi moratori (credito ai consumatori).

Nella direzione dell'esclusione del tasso di mora dal perimetro di operatività della L. 108/1996 si pone anche un orientamento giurisprudenziale che argomenta tale esclusione alla luce del D.L. 132/2014, convertito in L. 162/2014, che all'art. 17, comma 1°, ha novellato l'art. 1284, ultimo comma, c.c., prevedendo che il saggio degli interessi (di mora), dal momento in cui è proposta la domanda giudiziale, ove non sia pattuito dalle parti, è pari a quello previsto dal D.Lgs. 231/2002 (tasso BCE + 8 punti): c.d. tasso legale di mora nelle transazioni commerciali. Tale tasso, con riferimento a certe categorie di operazioni, quali i mutui, è spesso risultato superiore al tasso-soglia: le parti, dunque, secondo questo indirizzo giurisprudenziale, ben potrebbero oggi pattuire un interesse di mora pari o anche superiore a quello del D.Lgs. 231/2002, quindi superiore al tasso-soglia, e non incorrere in usura, essendo la loro condotta conforme al nuovo dettato dell'art. 1284 c.c. (Cfr. Tribunale di Cremona 09.01.2015; Tribunale di Vibo Valentia 22.07.2015; Tribunale di Treviso 12.11.2015; Tribunale di Monza 03.03.2016; Tribunale di Varese 26.04.2016 e Tribunale di Milano 28.04.2016). Anche in ambito penale, infine, si è rilevato che, in riferimento all'art. 644 c.p.,*"nulla è detto circa l'interesse moratorio che pertanto, stante il divieto di interpretazione analogica ed il principio di tassatività della norma penale, non può essere ricompreso nel calcoli relativi al superamento o meno del tasso soglia"* (Tribunale di Lecce, G.I.P., 03.03.2016).

Maggiormente diffuso appare, tuttavia, il convincimento, cui aderisce la citata sentenza n. 4323 del 07.07.2016 della Corte di Appello di Roma, che include gli interessi moratori nelle soglie d'usura (Cfr. per tutti Cass. nn. 4251/1992, 5286/2000, 14899/2000, 5324/2003, 350/2013, 602/2013, 603/2013, nonché Corte Costituzionale n. 29/2002, secondo cui è "plausibile l'assunto" che gli interessi di mora siano assoggettati al tasso-soglia).

Il principale argomento posto a sostegno di questo indirizzo è la affermata esistenza di un *"principio di omogeneità di trattamento degli interessi, pur nella diversità di funzione"* e la circostanza che *"il ritardo colpevole ... non giustifica il permanere della validità di una obbligazione così onerosa e contraria alla legge"* (così la Cassazione nelle decisioni da ultimo citate).

Ulteriori argomenti a favore di questo orientamento maggioritario sono sintetizzabili come segue:

a) la L. 28.02.2001, n. 24, di interpretazione autentica della L. 108/1996, testualmente disciplina gli *"interessi...promessi o convenuti, a qualunque titolo"*, quindi anche gli interessi moratori (depone in tale direzione anche la Relazione governativa al D.L. 394/2000);

b) l'art. 644 c.p. stabilisce il *"limite oltre il quale gli interessi sono sempre usurari"* senza operare distinzioni tra tipologie di interessi;

c) i rischi di una utilizzazione strumentale degli interessi moratori, se sottratti alla disciplina antiusura;

d) l'irrazionalità di sanzionare i vantaggi usurari nella fase fisiologica del rapporto e non in quella patologica (mora);

e) gli interessi di mora, infine, secondo talune ricostruzioni sarebbero anch'essi "collegati alla erogazione del credito"(Tribunale di Torino 27.04.2016) ed avrebbero una funzione remunerativa, se determinati operando una maggiorazione (c.d. *spread* di mora) degli interessi corrispettivi (Tribunale di Torino 31.10.2014 e Tribunale di Pescara 30.04.2015[9]).

---

9. V'è da considerare che il Legislatore, al fine di assorbire nelle soglie usurarie, anche elementi di costo non rilevati o non rilevabili, ex comma 1° dell'art. 1 della Legge n. 108/1996, ha previsto di incrementare i TEGM rilevati prima (sino al 13.05.2011) della metà e poi (a seguito del citato D. L. n. 70/2011, convertito, con modificazioni, nella Legge n. 106/2011) di un quarto a cui si aggiungono ulteriori 4 punti percentuali con il massimo di 8 punti. Tali *Spread* è da assumere che assorbano tutte le possibili patologie e tutti i possibili disagi che il finanziatore debba sopportare a seguito dell'inadempimento del finanziato.

Stabilita l'assoggettabilità degli interessi di mora alla disciplina antiusura, la decisione della Corte territoriale di Roma aderisce all'indirizzo secondo cui l'art. 1815, 2° comma, c.c. esprime un principio giuridico valido per tutte le obbligazioni pecuniarie, che prevede la conversione forzosa del mutuo usurario in mutuo gratuito, in ossequio all'esigenza di maggior tutela del debitore e ad una visione unitaria della fattispecie, connotata dall'abbandono del presupposto soggettivo dello stato di bisogno del debitore, a favore del limite oggettivo della soglia di cui alla L. 108/1996 (Cfr. Corte di Appello di Venezia 18.02.2013; Tribunale di Padova 13.05.2014; Tribunale di Udine 26.09.2014; Tribunale di Pavia 10.12.2014; Tribunale di Torino 20.06.2015 e 27.04.2016; Tribunale di Rovereto 30.06.2015; Tribunale di Massa 23.03.2016 e Tribunale di Bergamo 25.10.2016). Per l'effetto di quanto sopra esposto, nel caso di superamento del tasso soglia d'usura, nessuna somma è dovuta a titolo di interessi[10], ed il mutuatario avrà diritto a rimborsare solo la somma capitale e ad ottenere la restituzione di tutte le somme indebitamente pagate a titolo di interessi. La Cassazione Civile - per fortuna - è tornata ancora una volta su questa annosa questione, con una recentissima ordinanza, depositata il 04.10.2017 (la n. 23192/2017). Nell'ordinanza si evince quanto segue.

La Banca proponeva ricorso avverso il decreto del Tribunale di Matera, con cui il giudice rigettava l'ammissione della stessa al passivo del fallimento di una società per l'intero debito dalla medesima richiesto, ovvero per un importo legato ad un mutuo fondiario comprensivo di interessi legali ed interessi moratori. Il Tribunale riteneva infatti che, concordemente a quanto affermato dal giudice delegato, la banca dovesse essere ammessa al passivo solo per la sorte capitale del credito di riferimento (un mutuo fondiario) e non potesse invece richiedere gli interessi moratori, né quelli convenzionalmente pattuiti, a causa dell'usura pattizia.

Nel corso del giudizio, era emerso dalla C.T.U., che, al momento della sottoscrizione del contratto, il tasso pattuito a titolo di interessi di mora era superiore al tasso soglia. L'art. 1815, 2° c. del c.c., così recita: *"Se sono convenuti interessi usurari la clausola è nulla e non sono dovuti interessi"*. Questo il motivo per cui sia il Giudice Delegato che il Tribunale di Matera, hanno ritenuto che la banca non potesse richiedere nulla oltre la sorte capitale concessa

---

10. Tale orientamento sembra potersi desumere anche dall'affermazione assai chiara a tal fine della Suprema Corte, II Sezione Penale, n. 32675 del 03.06.2014, laddove si puntualizza che: *"La legalità originaria non può giammai mantenersi solo per una parte di interesse conseguito, per il fatto che si è sommata alla parte dell'interesse illecito, perdendo così la sua potenziale natura e partecipando così in toto al contesto del disvalore del reato"*.

in mutuo, ed il mutuo concesso, ai sensi dell'art. 1815 c.c., si doveva trasformare da contratto a titolo oneroso a contratto a titolo gratuito. La Cassazione richiama in sé una precedente sentenza, la n. 5324 del 2003, che così recita: *"È noto che in tema di contratto di mutuo, l'articolo 1 della legge numero 108 del 96, che prevede la fissazione di un tasso soglia al di là del quale gli interessi pattuiti devono essere considerati usurari, riguarda sia gli interessi corrispettivi che quelli moratori. Ha errato, allora, il Tribunale nel ritenere in maniera apodittica che il tasso di soglia non fosse stato superato nella fattispecie concreta, solo perché non sarebbe consentito cumulare gli interessi corrispettivi a quelli moratori al fine di accertare il superamento del detto tasso".*

Quindi, con la menzionata ordinanza, nel rispetto e confermando quando già affermato precedentemente dalla giurisprudenza di legittimità (Cfr. anche Cassazione, I Sezione Civile, sentenza n. 350 del 09.01.2013), la Cassazione ha stabilito che se il tasso applicato al contratto dovesse superare il tasso soglia determinato dalla legge 108/96, il contratto di mutuo, in applicazione a quando disciplinato dall'art. 1815 del c.c., si trasforma in un contratto a titolo gratuito. Questa tesi, tra l'altro, è stata sposata di recente dallo stesso Tribunale Civile di Chieti con una sentenza depositata in data 24.08.2017. Con ordinanza n. 27442 del 30.10.2018, la III Sezione Civile della Corte Suprema di Cassazione ha affermato che agli interessi convenzionali di mora trova applicazione la regola generale secondo cui, se pattuiti ad un tasso superiore rispetto a quello indicato dall'art. 2, comma 4, legge n. 108 del 1996 (c.d. "tasso soglia"), sono da considerare ipso iure usurari. Con ordinanza n. 26946 del 27.06.2019, depositata il 22.10.2019, sempre la I Sezione Civile della Corte di Cassazione ha rimesso gli atti al Primo Presidente, per l'eventuale assegnazione della causa alle Sezioni Unite Civili, sulla questione dell'assoggettamento o meno degli interessi di mora alla disciplina antiusura.

È il caso, inoltre, di analizzare il ruolo e l'attività del Pubblico Ministero a seguito di esposti volti a perseguire il reato di usura bancaria. Spesso, quando si fanno esposti per usura bancaria, il Pubblico Ministero, come già detto sopra, indossa gli abiti del Giudice e, nella maggior parte dei casi, formula richiesta di archiviazione o per mancanza di dolo in capo ai banchieri e/o bancari[11]

---

11. L'articolo 112 della Costituzione stabilisce che il Pubblico Ministero ha l'obbligo di esercitare l'azione penale. Il nostro processo penale, infatti, è un processo bifasico con finalità eterogenee, dove il Pubblico Ministero ha l'obbligo costituzionale di accertare - mediante le indagini preliminari - il "fumus commissi delicti" e, di conseguenza, di esercitare l'azione penale, mentre il Giudice ha l'obbligo di accertare, attraverso il dibattimento e rispettando il principio dell'oltre ogni ragionevole dubbio,

oppure perché i trimestri in cui è stato superato il tasso soglia sono pochi e, quindi, il reato di usura sarebbe stato occasionale[12]. Alla luce della sentenza

> l'effettiva colpevolezza dell'imputato. Di talché, il P.M. presume che ci sia stato il reato e il Giudice accerta in concreto che esso ci sia stato. Alla luce di ciò, non è ammesso invertire, nelle rispettive valutazioni dei due Magistrati, i diversi ruoli istituzionali imposti dalla legge.
> Questo concetto, molto elementare, dovrebbe evidenziare - in maniera chiara - il perimetro di azione nel nostro processo penale del Pubblico Ministero, del Giudice per le indagini preliminari o dell'udienza preliminare e del Giudice del dibattimento. Si è fatta questa breve premessa perché spesso, come detto, quando si fanno esposti per usura bancaria, il Pubblico Ministero stranamente indossa gli abiti del Giudice e, nella maggior parte dei casi, formula ingiusta richiesta di archiviazione per mancanza dell'elemento soggettivo del reato.
> Questo tipo di richiesta di archiviazione spesso si basa sulla valutazione del dolo nelle condotte usurarie tenute dagli indagati nel periodo ante 2009 e post 2009, aderendo al seguente principio di diritto impartito dalla Suprema Corte di Cassazione sull'ignoranza della legge penale degli intermediari creditizi fino al 2009: *"...Per l'effetto, venendo al caso di specie, va riconosciuta la pretesa buona fede nei confronti degli organi apicali delle banche, in forza delle circolari della Banca d'Italia e dei Decreti ministeriali dell'epoca che non comprendevano la CMS nel calcolo del tasso soglia usurario e da una consolidata giurisprudenza di merito, previgente ai fatti di causa, che escludeva nell'atteggiamento delle banche alcuna ipotesi di reato, assolvendo gli operatori bancari a ogni livello o non ravvisando gli estremi per iniziare l'azione penale. In particolare la circolare della Banca d'Italia del 30.9.1996, aggiornata al dicembre 2002 e in vigore fino al secondo trimestre 2009 (trattamento degli oneri e delle spese), prevede, tra l'altro, al punto C5, che la commissione di massimo scoperto non entrava nel calcolo del TEG, venendo rilevata separatamente, espressa in termini percentuali.*
> *Tale metodologia per il calcolo del TEG applicata dalla Banca d'Italia, fin dalla prima rilevazione, è stata posta a fondamento dei decreti ministeriali nei quali è contenuta la rilevazione trimestrale del tasso effettivo globale medio in base al quale è stabilito il limite previsto dall'art. 644, comma 3, c.p., oltre il quale gli interessi sono sempre usurari, ai sensi della l. 7 marzo 1996, n. 108, art. 2, comma 1. Fin dal primo decreto Ministeriale (D.M. 22 marzo 1997) il Ministro del Tesoro determinava la tabella dei tassi di interesse effettivi globali medi, precisando che 'i tassi non sono comprensivi della commissione di massimo scoperto eventualmente applicata'.*
> *Solamente col D.L. 29 novembre 2008, n. 185, art. 2 bis, comma 1, convertito nella l. 28.1.2009, n. 2 si prevede che 'le commissioni....comunque denominate....sono comunque rilevanti ai fini dell'applicazione dell'art. 1815 c.c., dell'art. 644 c.p. e della l. 7 marzo 1996,n. 108, artt. 2 e 3'. La Banca d'Italia solo nell'agosto 2009, in applicazione di tale nuova normativa ha emanato le nuove istruzioni per la rilevazione dei tassi globali medi ai sensi della legge sull'usura, ricomprendendo nel calcolo delle varie voci la commissione di massimo scoperto, correggendo una prassi amministrativa difforme.*
> *Soltanto l'incertezza derivante da contrastanti orientamenti giurisprudenziali, e, in particolare, della giurisprudenza di legittimità, nell'interpretazione e nell'applicazione di una norma con riferimento all'epoca dei fatti, non abilita da sola ad invocare la condizione soggettiva d'ignoranza inevitabile della legge penale, in quanto il ragionevole dubbio sulla liceità o meno deve indurre il soggetto ad un atteggiamento più attento, fino cioè, secondo quanto emerge dalla sentenza 364/1988 della Corte Costituzionale, all'astensione dall'azione se, nonostante tutte le informazioni assunte, permanga l'incertezza sulla liceità o meno dell'azione stessa, dato che il dubbio, non essendo equiparabile allo stato d'inevitabile ed invincibile ignoranza, è inidoneo ad escludere la consapevolezza dell'illiceità (cfr. in tal senso Sez. 6, Sentenza n. 6175 del 27/03/1996 Ud. (dep. 27/05/1995) Rv. 201518.*
> *Nel caso di specie, invece, in mancanza di un orientamento giurisprudenziale di legittimità, sia civile che penale, all'epoca, che ritenesse illecita tale prassi bancaria, sviluppatosi poi successivamente, nessuna censura di mancanza di doverosa prudenza può essere posta a carico dei Presidenti delle banche e, in base a tale duplice valutazione, non può ritenersi violato il dovere di diligenza nella ricostruzione dei criteri applicabili ai fini della individuazione del tasso soglia a carico degli organi di vertici degli istituti bancari. Devono, quindi, ritenersi mancare, stante le vicende richiamate a fondamento della buona fede dei ricorrenti, profili di colpa incompatibili con la pronuncia liberatoria..."* (Cfr. Cass. Pen., Sez.

n. 39334/2016 della II Sezione Penale della Corte di Cassazione, a maggior ragione, la tenuità del fatto, ex art. 131 bis c.p., contrariamente a quanto sostenuto da alcune Procure, non si può applicare (anche per legge) al reato di usura (criminale e bancaria). In merito alle Istruzioni della Banca d'Italia,

---

II, Sent. del 19.12.2011, n. 46669). Ciononostante, per alcune Procure italiane le Banche possono sempre ignorare la legge penale.
Senza spendere molte parole sull'argomento, ci si chiede come l'errore sulla legge penale (ex art. 5 c.p.) possa diventare inevitabile e, quindi, scusabile - nel periodo post 2009 - per via delle sole FAQ (Frequently Asked Question) emanate dalla Banca d'Italia in risposta alle domande poste sul punto ad interpretazione delle sue Istruzioni.
Se simili motivazioni, collocate alla base delle richieste di archiviazione di alcune Procure italiane, le avesse lette il prof. Renato Dell'Andro, sarebbe scaturita una profonda riflessione sul penoso stato della giustizia in Italia, forte con i deboli e debole con i forti. Renato Dell'Andro è stato un fine ed apprezzato giurista, stimato accademico, autore di numerose pubblicazioni, allievo di Aldo Moro e suo successore nelle cattedre di diritto penale, procedura penale e filosofia del diritto.
La sua competenza e preparazione scientifica gli hanno consentito di redigere importanti sentenze costituzionali, tra cui la famosa n. 364/1988, che per la prima volta nella storia dell'Ordinamento giuridico italiano consentì il superamento del principio di assoluta inescusabilità della ignorantia legis. Una sentenza fortemente innovativa che ha segnato una svolta epocale per il diritto penale.
Una sentenza che tuttavia non consente – in alcun modo - di fare assurgere le FAQ emanate dalla Banca d'Italia, prive di qualsiasi contenuto normativo, ad elementi idonei ad escludere la consapevolezza dell'illiceità.
Infatti, secondo la recente ordinanza d'imputazione coatta del G.I.P. del Tribunale di Civitavecchia del 20.06.2019, "...l'errore di diritto scusabile, ai sensi dell'art. 5 cod. pen., è configurabile soltanto in presenza di una oggettiva ed insuperabile oscurità della norma o del complesso di norme aventi incidenza sul precetto penale. Ne consegue che non è scusabile l'errore riferibile al calcolo dell'ammontare degli interessi usurari sulla base di quanto disposto dall'art. 644 cod. pen., trattandosi di interpretazione che, oltre ad essere nota all'ambiente del commercio, non presenta in sé particolari difficoltà...".
Queste valutazioni del Pubblico Ministero, alla luce di quanto affermato in precedenza, esulano dal suo ruolo istituzionale e rientrano - senza dubbio - nei poteri del Giudice dibattimentale.
La conferma di quanto appena detto la troviamo negli ultimi arresti giurisprudenziali della stessa Suprema Corte di Cassazione, secondo cui: *"il giudice dell'udienza preliminare nel pronunciare sentenza di non luogo a procedere, a norma dell'art. 425 c.p.p., comma 3°, deve valutare, sotto il profilo processuale, se gli elementi acquisiti risultino insufficienti, contraddittori o comunque non idonei a sostenere l'accusa in giudizio, non potendo procedere a valutazioni di merito del materiale probatorio ed esprimere, quindi, un giudizio di colpevolezza dell'imputato ed essendogli inibito il proscioglimento in tutti i casi in cui le fonti di prova si prestino a soluzioni alternative e aperte o, comunque, ad essere diversamente rivalutate"* (Cfr. Cass. Pen., Sez. II, Sent. del 23.10.2015, n. 42764).
Pertanto, se il potere di valutare nel merito l'elemento soggettivo del reato è inibito al Giudice per le indagini preliminari o dell'udienza preliminare, a maggior ragione lo stesso è precluso al Pubblico Ministero nel corso delle indagini preliminari. Tratto dall'intervento dello scrivente dal titolo: "Obblighi e doveri nell'esercizio dell'Azione Penale a seguito di esposti giuridicamente documentati e coerenti" nell'ambito del Convegno: "La giurimetria bancaria per la corretta composizione delle vertenze creditizie, ostacolo allo sviluppo economico e del lavoro", tenutosi in Roma in data 05.07.2016 presso la sala del "Parlamentino" del Consiglio Nazionale dell'Economia e del Lavoro (CNEL).

12. La stessa Corte di Cassazione, II Sezione Penale, con la sentenza n. 39334 del 11.07.2016 ha stabilito sull'ipotesi di "usura occasionale" quanto segue: *"È quindi necessario che, nei limiti di quanto consentito dalle evidenze processuali, siano esattamente determinati il tempo e la durata del prestito, nonché la data dei singoli pagamenti effettuati dall'usurato, in modo da individuare il trimestre di riferimento. D'altronde è sufficiente che in un solo trimestre tale soglia sia stata superata perché possa dirsi consumato il reato di usura"*.

vale il discorso sviluppato in precedenza, e cioè che le disposizioni di natura regolamentare giammai possono derogare una norma di rango superiore qual è l'art. 644, 4° comma, c.p.

Sul punto si osserva quanto segue. L'unico parametro di confronto con il TSU, ai fini della valutazione di usurarietà di un contratto di credito, è il TAEG e non i singoli tassi semplici, nella loro espressione nominale (corrispettivo o moratorio);

le penali da inadempimento, al pari degli interessi moratori, a cui sono assimilabili, e del compenso di estinzione anticipata, a prescindere dalla loro indiscutibile diversa natura, devono concorrere, in quanto "vantaggi"/"costi" legati all'erogazione del credito, alla verifica del carattere usurario di un contratto di finanziamento;

poiché l'usura è reato di pericolo che punisce anche la sola promessa di pagare costi usurari, ai fini della sussistenza dell'usura, è sufficiente la semplice stipula della clausola senza necessità che il fatto ivi ipotizzato si concretizzi (danno), ovvero senza la necessità che il cliente ne paghi il costo convenuto;

trattandosi di promessa usuraria da valutarsi con giudizio prognostico *ex ante* al momento della pattuizione del finanziamento, è sufficiente la sola potenzialità che il costo usurario si verifichi sulla scorta delle condizioni contrattuali a nulla rilevando che detto costo, al momento della contestazione o dell'azione legale, non possa più verificarsi;

pertanto, ai fini del vaglio usurario, è lecito calcolare il TAEG del finanziamento nella ipotesi che la clausola usuraria si verifichi in un determinato momento storico consentito *ex ante* dal contratto, compreso il *worst case*;

effettuato il vaglio, se le penali, unitamente ad ogni altra tipologia di costo, comportano un costo complessivo del credito espresso in TAEG debordante il tasso soglia vigente al momento della pattuizione, si configura l'usura penale o, se non vi è il dolo, l'usura civile, con la produzione simultanea delle relative conseguenze in termini civili ex art. 1815 c.c., 2° comma, per cui il finanziamento che ha previsto la convenzione o la promessa del costo usurario diviene gratuito;

la protezione speciale costruita dalla *lex specialis* antiusura introdotta dalla legge n. 108/1996, sia in ordine alle modalità di accertamento (TAEG) sia in ordine alle conseguenze sanzionatorie, in ispecie il novellato art. 1815, 2° comma, c.c., deroga gli ordinari presidi civilistici (primo fra tutti l'art. 1384 c.c.) e deve essere applicata a tutti i contratti stipulati successivamente alla sua entrata in vigore;

dovendosi considerare nel TAEG anche le penali da estinzione anticipata o da inadempimento, non giova all'intermediario aver pattuito una clausola di salvaguardia in relazione ai tessi di interesse nominali.

Per ulteriore supporto argomentativo e giurisprudenziale, che prevede *il computo nella rilevazione del TEGM degli interessi moratori e della penale per anticipata estinzione del finanziamento*[13], ci si riporta a tutte le argo-

---

13. Sul punto si segnala l'intervento dello scrivente dal titolo: "L'usura promessa, l'usura potenziale e l'usura pretesa nei contratti di credito" nell'ambito del Convegno: "Anatocismo, Euribor e Usura nei contratti di mutuo e di leasing: rilievi giurimetrici e nullità assolute rilevabili d'ufficio" tenutosi in Roma in data 18.06.2018 presso la sala Europa della Corte di Appello. *"Il primo autore in Italia a scrivere un libro sulla Legge n. 108 del 1996 è stato Adelmo Manna, mio professore di diritto penale, il quale nel 1997, per conto della UTET, pubblicò il testo dal titolo "La nuova legge sull'usura".*
Tra l'altro, Manna cura ancora oggi la voce "Usura" sul Digesto delle discipline penalistiche. Ho avuto la fortuna di leggere questo libro oltre 20 anni fa e tuttora conservo degli appunti preziosi, che voglio così sintetizzare: "Con l'entrata in vigore della Legge 07 marzo 1996, n. 108, il Legislatore ha attuato una riforma integrale del reato di usura criminale e bancaria, disciplinato dall'art. 644 c.p. Difatti, si è abbandonato quasi del tutto il vecchio schema dell'usura soggettiva, basata sull'approfittamento dello stato di bisogno della vittima, per passare ad uno schema di usura oggettiva, basata principalmente sul superamento di un tasso massimo di costo del denaro prestato. Il bene giuridico tutelato dal novellato art. 644 c.p., al 1° comma, è ravvisabile nel corretto esercizio dell'attività creditizia, mentre, al 3° comma, è ravvisabile nella difesa del patrimonio della persona.
Il credito, il cui esercizio è garantito dall'articolo 47 della Costituzione, costituisce elemento imprescindibile dell'economia ed il Legislatore, con l'introduzione della normativa antiusura, ha fornito lo strumento per proteggere e soprattutto calmierare il mercato creditizio, imponendo una regolamentazione autoritativa favorevole per la parte contrattuale più debole.
La fattispecie usuraria presenta un disvalore che si incentra sul "pericolo di danno finanziario", presuntivamente derivante dal mero superamento dei tassi soglia, senza richiedere alcun accertamento in ordine all'effettivo pregiudizio patrimoniale subito dalla vittima".
Questi appunti, a distanza di tanti anni, sono attualissimi e consentono di fare riflessioni oggettive e non ad usum Delphini. Intanto, va subito detto che la struttura "bifasica" (pattuizione/dazione) del reato di usura è costantemente affermata nella giurisprudenza penale, a mente della quale l' art. 644 c.p. punisce sia la dazione sia la pattuizione di interessi usurari. Il delitto di usura si configura, pertanto, come un reato a schema duplice, costituito da due fattispecie, usura applicata e usura promessa, delle quali l'una è caratterizzata dal conseguimento del profitto illecito e l'altra dalla sola accettazione del sinallagma ad esso preordinato. Da quanto detto, infatti, emerge - a chiare lettere - che l'usura è tipico reato di pericolo, ove il bene protetto non è solo il patrimonio individuale, ma anche e soprattutto il corretto svolgimento del mercato creditizio. Il Legislatore, pur di tutelare quest'ultimo, ha anticipato la soglia di punibilità del reato in questione, punendo la sola promessa di interessi o altri vantaggi usurari.
È opportuno ricordare la distinzione tra reati di danno e reati di pericolo: i primi offendono il bene giuridico protetto dalla norma penale, i secondi si limitano a metterlo in pericolo.
Oltre alla menzionata distinzione tra usura soggettiva (o in concreto) e usura oggettiva (o in astratto), assume, altresì, rilievo la distinzione tra usura originaria (o pattizia) e usura sopravvenuta. L'usura originaria si verifica nel momento in cui gli interessi sono pattuiti.
L'usura sopravvenuta, del tutto tramontata per la giurisprudenza di Cassazione si configura, invece, in due ipotesi: 1) quando gli interessi regolarmente negoziati prima della Legge n. 108 del 1996 si rivelino ex post, per effetto dell'entrata in vigore di detta normativa, debordanti perché eccedenti rispetto al tasso soglia; 2) in relazione ai contratti, stipulati nella vigenza ed in conformità della Legge n. 108 del 1996, i cui tassi diventino ultralegali in executivis, per effetto della modifica dei tassi soglia. In tema di usura pattizia (o originaria) e, nello specifico, in materia di usura promessa, si segnalano arresti giurisprudenziali di merito ondivaghi, contro corrente rispetto alla prevalente ed ormai costante giurisprudenza di legittimità (Cass. Civ. Sez. VI, Ord., (ud. 13 -07-2017) 04-10-2017, n. 23192). Quest'ultima è concorde nel ritenere, da un lato, che la valutazione usuraria debba tener conto di tutti i costi legati all'erogazione del credito (ad eccezione di imposte e tasse); dall'altro, che il momento valutativo debba coincidere con quello del perfezionamento negoziale, essendo sufficiente che tali costi, benché

mentazioni in Rete (Cfr. http://www.sosutenti.net) del dott. Gennaro Baccile[14], presidente onorario della SOS Utenti. Per quanto riguarda l'estorsione bancaria, invece, vanno fatte le seguenti brevi considerazioni. Accertata

---

non verificatisi, siano stati semplicemente promessi.

In contraddizione con il pensiero comune circa la collocazione temporale del vaglio usurario, spiccano, per profusione motivazionale, le decisioni di alcuni importanti Tribunali del Nord Italia. Secondo codesti Giudicanti di merito, tutti i costi eventuali promessi (mora, estinzione anticipata, clausole penali o costi da risoluzione per inadempimento), qualora non concretamente verificatisi e dunque corrisposti, non debbono essere computati nel TAEG ai fini usura.

Al contrario, consentitemi, l'usura oggettiva, vista la sua natura di reato di pericolo, si consuma con la semplice messa in pericolo del bene tutelato, ovvero con la pattuizione usuraria: è cioè sufficiente che la promessa usuraria venga trasfusa nella clausola contenuta nel contratto, che diventa usurario al medesimo momento della sottoscrizione. Può ben dirsi che il perfezionamento negoziale e la consumazione del reato di usura si producono simultaneamente: in dottrina si sostiene pacificamente che l'usura sia un reato-contratto. Procedendo da tali premesse, ne consegue che la effettiva corresponsione del costo usurario (mora o altro onere eventuale), ovvero il danno, è un elemento non necessario per la configurazione del reato d'usura, già perpetrato con l'esposizione al pericolo del bene tutelato.

Ora, il punto focale della questione è dato dal fatto che le conseguenze sanzionatorie penali ex art. 644 c.p., e civili ex art. 1815, 2° comma, c.c., per il quale "Se sono convenuti interessi usurari la clausola è nulla e non sono dovuti interessi", si producono appunto dal momento perfezionativo del reato d'usura, che, come detto, coincide con quello genetico del contratto di mutuo contenente la promessa di pagare il costo usurario. È dunque evidente che l'operatore giuridico, al fine di vagliare l'usurarietà del finanziamento, dovrà compiere un giudizio di natura prognostica, riportandosi ex ante al momento della pattuizione usuraria. Diversamente, si tradirebbe il giudizio ex ante, voluto dall'impianto normativo e ribadito puntualmente in via nomofilattica, con quello erroneo ex post, dando rilievo alla verificazione del danno anziché alla esposizione al pericolo avvenuta già con la pattuizione usuraria.

La principale criticità delle argomentazioni adoperate soprattutto dai Tribunali del Nord Italia (Milano e Torino), laddove, per i costi eventuali, vorrebbero postergare la rilevanza penale (e sanzionatoria civile ex art. 1815, 2° comma, c.c.) dal momento della pattuizione a quello della verificazione effettiva del costo, poggia sul seguente grossolano errore: confondere l'usura da reato di pericolo in reato di danno.

In conclusione, consumandosi il reato d'usura all'atto della pattuizione, è da tale momento che necessariamente si producono gli effetti sanzionatori penali e civili, e segnatamente la non debenza di interessi e costi legati all'erogazione del credito, ad eccezione di imposte e tasse. Trattandosi di promessa usuraria da valutarsi con giudizio prognostico ex ante al momento della pattuizione del finanziamento, è sufficiente la sola potenzialità che il costo usurario si verifichi sulla scorta delle condizioni contrattuali, a nulla rilevando che detto costo non possa più verificarsi. Rebus sic stantibus, anche l'usura potenziale è contraria al principio di legalità e per questa ragione merita, senza dubbio, la tutela giurisdizionale".

14. Gennaro Baccile, dopo aver ricoperto il ruolo di Dirigente dell'Ufficio Tecnico dell'ACRI, l'associazione delle Cassa di Risparmio italiane, 1976-1983, ha presieduto fino al 1992 il gruppo SNODO S.p.A., la prima start-up italiana in materia finanziaria.
È stato nel 2005 il fondatore, ricoprendo oggi il ruolo di Presidente onorario e portavoce nazionale dell'Associazione dei consumatori non-profit SOS Utenti, nonché di STUDIO TREA: il Centro giurimetrico per le discipline tecniche e bancarie, le attività produttive e la vita finanziaria di imprese e famiglie. Nel 2013 ha introdotto i lemmi "Giurimetria Bancaria" e "Tecniche Nano-giurimetriche", con relative teorie e applicazioni nell'ambito delle sue ricerche.
È tra i maggiori esperti italiani in econometria, economia aziendale e matematica applicata. Tecnico e analista nei rapporti Banca/Imprese, per prodotti Derivati, Mutui e Conti correnti, è Direttore Scientifico, coordinatore tecnico-economico dello StudioTreA s.r.l. È stato tra i fondatori, oltre che vicepresidente nel 2009, del Forum Nazionale Anti-Usura Bancaria, fino al 2012. Nello stesso periodo ha diretto la Vicepresidenza dell'ARDeP (Associazione per la Riduzione del Debito Pubblico). Ricopre la carica di Consulente Tecnico di Parte (CTP) in migliaia di cause nei Tribunali italiani.

l'illegittimità e l'illegalità della pretesa della Banca concretizzatasi in una minaccia ingiusta al patrimonio della persona offesa, da cui è derivato un grave danno patrimoniale e non patrimoniale, con altrui ingiusto profitto, è possibile invocare la sussistenza anche del reato previsto e punito dall'art. 629 c.p. (estorsione), in quanto, dal punto di vista dell'elemento oggettivo dell'illecito penale, il profitto è qualificabile come ingiusto tutte le volte in cui sia fondato su una pretesa non tutelata dall'ordinamento giuridico né in via diretta - quando, cioè, si riconosce al suo titolare il potere di farla valere in giudizio - né in via indiretta - quando, pur negandosi il potere di agire, si accordi il diritto di ritenere.

L'aggressione del patrimonio della vittima, in genere, comporta la non debenza della somma richiesta dalla Banca, ed è, pertanto, contraria a norma imperativa. Sotto tale aspetto, preme evidenziare che la minaccia, ancorché consistente nell'esercizio di una facoltà o di un diritto spettante al soggetto agente, sproporzionato nel *quantum*, diviene *contra ius* quando, pur non essendo antigiuridico il male prospettato, si faccia uso di mezzi giuridici legittimi per ottenere scopi non consentiti o risultati non dovuti, nell'an o nel *quantum (Ex plurimis*, Cass. Pen., Sez. II, sentenza n. 16618/2003: *"anche la minaccia di esercitare un diritto, come l'esercizio di un'azione giudiziaria o esecutiva, può costituire illegittima intimidazione idonea ad integrare l'elemento materiale del reato quando sia finalizzata al conseguimento di un profitto ulteriore, non giuridicamente tutelato"*).
Inoltre, evidenziata la sussistenza dell'elemento oggettivo del reato, è d'uopo sottolineare che l'elemento soggettivo è caratterizzato dalla consapevolezza di procurare, a sé o altri, un profitto ingiusto, riconosciuto dal soggetto agente come tale; tale ulteriore presupposto, emerge solitamente dalla corrispondenza e dalle contestazioni scritte della vittima nei confronti del presunto creditore, il quale non poteva non accorgersi dell'illegittimità nell'*an* e nel *quantum* della pretesa.
È, dunque, pacifico che integra gli estremi del reato di estorsione e non quello di truffa la minaccia di prospettare azioni giudiziarie - nella specie decreto ingiuntivo e pignoramento - al fine di ottenere somme di denaro non dovute o manifestamente sproporzionate rispetto a quelle dovute, qualora l'agente ne sia consapevole, potendosi individuare il male ingiusto ai fini dell'integrazione del più grave delitto nella pretestuosità della richiesta (Cfr. Cass. Pen., Sez. VI, sentenza n. 33741/2010 e Cass. Pen., Sez. II, sentenza n. 48733/2012).
Inoltre, in molti casi, il Pubblico Ministero potrebbe valutare anche l'ipote-

si dell'appropriazione indebita (bancaria) commessa a danno della persona offesa. Infatti, l'appropriazione indebita, da parte della Banca, di somme da essa ricevute, anche nel corso di più anni, dai correntisti e/o dai mutuatari, si consuma, coincidendo con l'interversione del possesso, all'atto in cui, dovendo la stessa – su espressa richiesta della clientela – provvedere alla restituzione degli interessi indebitamente percepiti, trattenga per sé le dette somme, defalcandole da quelle che, secondo le risultanze contabili, avrebbe dovuto restituire alla controparte contrattuale. Questo avviene perché nel nostro ordinamento giuridico è punita solo l'appropriazione indebita "definitiva" e non quella "provvisoria".

Pertanto, il reato ipotizzato, disciplinato dall'articolo 646 c.p., si consuma quando la Banca pone in essere un atto irreversibile, ossia oggettivamente incompatibile con il diritto di proprietà del suo utente. Infatti, la Suprema Corte di Cassazione, in una pronuncia del 2014 (Cass. Pen, Sez. II, 29.04.2014, sentenza n. 17901) ha cercato di risolvere il conflitto tra due opposte teorie, aventi ad oggetto il momento consumativo del delitto previsto e punito dall'art. 646 c.p.: un primo orientamento reputa che l'evento del reato si realizzi nel luogo e nel tempo in cui la manifestazione della volontà dell'agente di fare proprio il bene posseduto giunge a conoscenza della persona offesa, e non nel tempo e nel luogo in cui si compie l'azione (in questo senso Cass. Pen. Sez. II, 01.12.2004, sentenza n. 48438 secondo cui *«in tema di appropriazione indebita l'evento del reato si realizza nel luogo e nel tempo in cui la manifestazione della volontà dell'agente di fare proprio il bene posseduto giunge a conoscenza della persona offesa, e non nel tempo e nel luogo in cui si compie l'azione»*).

Un secondo orientamento in base al quale il reato di appropriazione indebita sarebbe un reato a consumazione immediata che si verifica nel momento (e nel luogo) in cui l'agente tiene consapevolmente un comportamento oggettivamente eccedente la sfera delle facoltà ricomprese nel titolo del suo possesso ed incompatibile con il diritto del proprietario (*Cass. Pen., Sez. II, 08.02.2013, sentenza n. 22127 secondo cui «il delitto di appropriazione indebita si consuma dal momento in cui il possessore ha compiuto un atto di dominio sulla "res", così manifestando l'intenzione di tenerla come propria», nonché Cass. Pen., Sez. II, 17.05.2013, sentenza n. 29451 secondo cui «il delitto di appropriazione indebita è reato istantaneo che si consuma con la prima condotta appropriativa e, cioè nel momento in cui l'agente compia un atto di dominio sulla cosa con la volontà espressa o implicita di tenere questa come propria»*).

I giudici della Seconda Sezione Penale per il momento hanno aderito a quest'ultima tesi traendone la conseguenza che, ai fini dell'individuazione del momento consumativo, risulterà del tutto irrilevante la conoscenza che ne abbia la parte offesa. Tale elemento eventualmente verrà in rilievo ai fini del diverso problema della decorrenza del termine per proporre la querela ai sensi dell'art. 124 c.p., che richiama espressamente il «*giorno della notizia del fatto che costituisce il reato*».

Questo, in conclusione, il principio di diritto affermato dalla Suprema Corte di Cassazione (Cfr. Cass. Pen., Sez. II, sentenza del 04.07.2016, n. 27363 e Cass. Pen., Sez. II, sentenza del 29.05.2018, n. 24197):

«*il delitto di appropriazione indebita è reato istantaneo che si consuma con la prima condotta appropriativa e, cioè nel momento in cui l'agente compia un atto di dominio sulla cosa con la volontà espressa o implicita di tenere questa*

---

15. Sul punto si segnala l'intervento dello scrivente dal titolo: "Manipolazione dell'EURIBOR e possibilità di tutela", tenutosi in Bari in data 15.03.2017 presso la sala consiliare città metropolitana di Bari. Sul punto si segnala, altresì, l'intervento dello scrivente dal titolo: "Banche italiane: profili penalmente rilevanti nella manipolazione EURIBOR" nell'ambito del Convegno: "Usura bancaria e manipolazione EURIBOR: Analisi e risvolti pratici delle decisioni della Commissione UE del 04.12.203 e del 07.12.2016", tenutosi in Roma in data 15.02.2017 presso la sala Unità d'Italia della Corte di Appello.

16. Il crescente disvalore sociale che caratterizza i reati di usura e estorsione (anche nella veste bancaria) ha contribuito negli anni all'inasprimento delle sanzioni civili e penali a carico dei rei, nonché a un contestuale aumento dei benefici previsti a favore delle vittime.
    La legge 44/1999 e s.m., recante "Disposizioni concernenti il Fondo di solidarietà per le vittime delle richieste estorsive e dell'usura" ha introdotto diverse statuizioni per avvantaggiare i soggetti danneggiati da attività usurarie o estorsive.
    L' art. 1 prevede che "ai soggetti danneggiati da attività estorsive" possa essere "elargita una somma di denaro a titolo di contributo al ristoro del danno patrimoniale subito" per gli eventi dannosi verificatisi nel territorio dello Stato successivamente al 10 gennaio 1990.
    I soggetti beneficiari sono, in primo luogo, gli "esercenti un' attività imprenditoriale, commerciale, artigianale o comunque economica, ovvero una libera arte o professione" lesi da richieste estorsive, intimidazione o ritorsione per non aver aderito a tali richieste e che pertanto abbiano subito "un danno a beni mobili o immobili, ovvero lesioni personali, ovvero un danno sotto forma di mancato guadagno inerente all'attività esercitata".
    Circa la concessione del beneficio, a costoro vengono equiparati gli appartenenti ad associazioni od organizzazioni a tutela delle vittime di attività estorsive che siano stati danneggiati dal reato, i parenti

come propria; sulla scorta di ciò, risulta perfezionato il delitto di appropriazione indebita della documentazione relativa al condominio da parte di colui che ne era stato amministratore, non nel momento della revoca dello stesso e della nomina del successore, bensì nel momento in cui l'agente, volontariamente negando la restituzione della contabilità detenuta, si era comportato "uti dominus" rispetto alla "res". Analogamente deve ritenersi che l'utilizzo delle somme versate nel conto corrente da parte dell'amministratore durante il mandato non profila l'interversione nel possesso che si manifesta e consuma soltanto quando terminato il mandato le giacenze di cassa non vengano trasferite al nuovo amministratore».

L'ultima soluzione prospettata potrebbe consentire la punizione in sede penale degli intermediari bancari e finanziari allorquando sia difficile provare la sussistenza di altri reati, quali l'usura e l'estorsione bancaria[15][16].

---

della vittima che abbia perso la vita a causa del reato, nonché gli altri soggetti che in conseguenza di tali delitti abbiano subito lesioni personali, ovvero un danno a beni mobili o immobili di loro proprietà, o sui quali vantano un diritto reale di godimento.
La domanda di elargizione concede un ulteriore beneficio previsto dall'art. 20 della suddetta legge, ossia la sospensione o proroga di determinati termini. I termini relativi ad adempimenti amministrativi e per il pagamento dei ratei dei mutui bancari e ipotecari (nonché di ogni altro atto avente efficacia esecutiva) sono prorogati dalle rispettive scadenze per la durata di due anni.
Sono sospesi, per la medesima durata, anche i termini di prescrizione e quelli perentori, legali e convenzionali, sostanziali e processuali, comportanti decadenze da qualsiasi diritto, azione ed eccezione, nonché l'esecuzione dei provvedimenti di rilascio di immobili e i termini relativi a processi esecutivi mobiliari ed immobiliari, ivi comprese le vendite e le assegnazioni forzate. Vengono invece prorogati per tre anni, i termini di scadenza degli adempimenti fiscali.
Ai fini dell'ottenimento del beneficio sospensivo è necessario in primo luogo che il termine (da sospendere o prorogare) ricada entro un anno dall'evento lesivo, che il soggetto beneficiario abbia presentato la domanda di elargizione nei modi indicati dall'art. 13 della legge e che vi sia stato il provvedimento favorevole del Procuratore della Repubblica competente.
Laddove sopraggiunga sentenza penale irrevocabile, o sentenza esecutiva, che accerti l'inesistenza dei presupposti per l'applicazione dei benefici, gli effetti previsti torneranno ad essere nuovamente regolati dalle norme ordinarie. Le disposizioni della Legge 44/1999 e s.m., in sostanza, consolidano lo sfavore del Legislatore verso le pratiche estorsive ed usurarie, come già avvenuto in occasione della Legge 108/1996 istituente il Fondo di solidarietà per le vittime dell'usura (art. 14), destinato all'erogazione di mutui per i soggetti vittime del delitto di usura e parti offese nel relativo procedimento penale, nonché il Fondo di prevenzione del fenomeno dell'usura (art. 15).

UNITI SIAMO PIÙ PROTETTI

Vuoi denunciare o stai subendo un sopruso bancario o giurisprudenziale?

RICHIEDI UNA CONSULENZA!

Visita il sito **www.sosutenti.net**
o chiamaci al numero verde **800.090.327"**

Lightning Source UK Ltd.
Milton Keynes UK
UKHW050202110620
364786UK00008B/56